Clemens M   Mohr

Aktiviere
deine Kraft

Das
Grundlagen-Programm
zu
Glück und Erfolg

Bibliografische Information der Deutschen Nationalbibliothek:
Die Deutsche Nationalbibliothek verzeichnet diese Publikation
in der Deutschen Nationalbibliografie; detaillierte bibliografische
Daten sind im Internet über http://dnb.d-nb.de abrufbar.

Neuauflage 2013
Cartoons: Bodo Krevet Jr.
Covergestaltung und Bild: Michael Bäter,
Agentur Zeilenspiel, Kirchheim a. d. W.

Herstellung und Verlag:
BoD – Books on Demand

ISBN 978-3-8334-5761-6

Inhalt

Für alle meine Lehrer und Ausbilder,
die mich an ihrem Wissen
haben teilhaben
lassen.

Für alle Freunde und Kollegen,
die mich in meiner
Entwicklung
unterstützen.

Für meine Frau Jeanette, die mir durch ihr Vertrauen
und ihre unendliche
Zuversicht meine Arbeit
erst ermöglicht.

Einleitung

Die inzwischen untergehende Sonne schien mir von hinten über die Schulter und beleuchtete die Zeilen, die mich derart fesselten, wie es noch kein Buch zuvor getan hatte. Dass ich seit Stunden über einem Buch saß, war nicht unbedingt ungewöhnlich, nur dass die Sonne mich auf einem Balkon beschien, der zum Haus gehört, in dem meine Schwiegereltern wohnen - 300 km weg von daheim.

Mitten in der dicksten Familienzusammenkunft - aus allen Teilen des Landes waren die Mitglieder anlässlich des Hohentwiel-Festes in Singen angereist - sitzt da einer im hintersten Eck, beteiligt sich an keinem Gespräch, gibt nur knappe Antworten und steckt immer wieder nur demonstrativ die Nase zwischen bedrucktes Papier. Dabei sieht er den Rest der Familie nur 1- bis 2-mal im Jahr, zu diversen Feiertagen oder aber eben oft auch zum traditionellen Burgfest auf dem Tafelberg am Bodensee.
Nein, es war keine Flucht aus familiären Pflichtveranstaltungen, dafür sind die in der Regel zu unterhaltsam. Es war wirklich tiefes Interesse für eine für mich völlig neue Problematik. Es war sogar Faszination.

Ich war in einem katholischen Elternhaus mit sehr enger Beziehung zur Kirche aufgewachsen. Mein Vater war nebenberuflich Verwalter der Kirchengemeinde. Diesen Job unterstützte natürlich die ganze Familie. Meine Mutter wusch die Messgewänder des Pastors und die Kinder waren Messdiener und halt Mädchen für alles - und immer an der Front.
Diese enge Bindung löste sich dann rasch mit zunehmendem Alter und somit wachsender Reife. Für mich stand die Lehre der Kirche zu wenig im Einklang mit dem Leben - mit dem, das die Kirchenoberen führten, und mit dem, was "der kleine Mann auf der Straße" führte. Lebenshilfe war gefordert, aber nicht gegeben.

Somit trennte ich mich auch rigoros von Begriffen wie Gott, Jesus oder sogar Glauben.
Ja, ich erinnere mich, dass ich irgendwann einmal fast erschrocken feststellte, dass ich an nichts glaubte.
Und dann dieses Buch!

Mein Weltbild und mein Glauben schienen sich in kürzester Zeit nochmals aufzurichten. Wenn auch beileibe nicht in der heutigen Form, aber für die damaligen Verhältnisse doch recht dramatisch.
Da erklärte ein gewisser Dr. Joseph Murphy, ein mir bis dahin gänzlich unbekannter Amerikaner, dass wir eine Instanz namens Unterbewusstsein in uns hätten, die unser Leben entscheidend leitet.
Und dass wir dieses Unterbewusstsein programmieren, aufgrund unserer Gedanken.
So wie wir denken, so sind wir. Die Basis für unser gesamtes Leben - ob nun Gesundheit, Glück, Erfolg, Wohlstand, Liebe, Partnerschaft - seien unsere Gedanken.
Wir entscheiden über das was uns passiert, und sonst niemand.
Und dieses Unterbewusstsein setzte er auch als Synonym für Gott, die Schöpferkraft.
Glauben versetzt Berge - so stehe es schon in der Bibel.

Bei mir läuteten sofort alle Glocken Sturm.
"So ein Blödsinn", dachte ich. Da lernt man jahrelang in der Schule, man studiert, arbeitet, macht seine Erfahrungen, und dann kommt da einer, der erzählt einem, man müsse nur richtig denken. Das war doch nun wirklich zu einfach!
Oder doch nicht?

Die Idee war eigentlich zu primitiv, als dass man sie hätte erfinden können.
Und mit jedem Satz, den ich las, mit jeder Seite, die ich verschlang, wuchs in mir die Gewissheit: das ist es!
Der Gedanke ist die Basis! Wir sind in vollem Umfang eigenverant-wortlich! Wir gestalten unser Leben durch die Art wie wir denken!
Ich war begeistert.

In den Zwangslesepausen, in denen ich zum Essen musste - um den Familienfrieden nicht ganz zu stören, kam ich der Bitte nach - erzählte ich enthusiastisch von dem jeweils gerade Erfahrenen.

Für den Rest der Anwesenden war das Ganze ebenso neu, wie für mich.

Es mag an der Art meiner Übermittlung gelegen haben, aber die Reaktionen waren entweder zurückhaltend ("na ja?!") oder aber abweisend.

Besonders ein Schwager von mir befand sich deutlich auf der Stufe, auf der ich noch einige Seiten und Abschnitte zuvor war: "So ein Blödsinn!"

Plötzlich wurde zum allgemeinen Aufbruch geblasen.

"Was nun?", dachte ich. Doch dann erinnerte ich mich zwischen der Möglichkeit, seine Wünsche zu erfüllen und der Aussicht auf ständige Gesundheit hindurch an den eigentlichen Anlass unseres Besuches. Ach ja, das Hohentwiel-Fest.

Zur Erklärung: der Hohentwiel ist ein Tafelberg mit einer mittelalterlichen Burgruine. Jeden Sommer findet in den alten Gemäuern eine grandioses Volksfest statt. Unnütz zu sagen, dass sich eine schier unüberschaubare Menge Menschen ebendorthin bewegt.

Auch wir taten dies, mit Kindern und Kinderwagen, mit dem ganzen Anhang einer eigens angereisten Familienschar, und ich mit leichtem Wehmut. Das Buch hatte ich zu Hause gelassen - ich wollte den Familienfrieden nicht noch stärker strapazieren.

Um nun halbwegs ein Chaos auf dem Fest zu vermeiden, wird der ohnehin kleine Berg anlässlich des Festes für den Autoverkehr gesperrt und Autobusse bringen im Pendelverkehr die Massen nach oben.

Man stelle sich die Szene vor: alle paar Minuten kommt ein Bus angefahren, noch bevor er richtig zum Stillstand gekommen ist und die Türen wirklich offen sind, stürmt eine Menschentraube wildentschlossen nach vorne, drückt, schiebt, drängelt, presst sich in den Bus bis dieser übersatt die Türen schließt, wobei immer wieder ein

paar arme Kerle feststellen, dass sie nach dem Türeschließen nicht innen, sondern dazwischen oder eben doch draußen sind.
Und wir in dieser Menge - mit Kinderwagen!

Nachdem wir mehrere erfolglose Versuche gestartet hatten - sperrige Mitbringsel eignen sich sehr schlecht zum erfolgreichen Drängeln - sagte mein besagter kritischer Schwager in einem der Situation angebrachten entnervten Ton zu mir: "Jetzt mach doch mal was mit deinem Positiven Denken! Mach doch mal, dass der Bus hier vor uns hält, und hier vor uns die Tür aufgeht!"
Ich fühlte mich etwas verkohlt ob der Aussichtslosigkeit der Situation. Und außerdem war ich ja noch Anfänger! Keine paar Stunden was davon gewusst und dann schon ein Wunder vollbringen, also wirklich!
Was also tun?
Auf der einen Seite sah ich das Chaos um mich herum, auf der anderen Seite war ich doch an meiner Ehre gepackt.
Also begann ich zu überlegen, wie ich das Unmögliche möglich machen könnte. Die Blöße wollte ich mir nicht geben!
Und tatsächlich kam mir eine Idee: Die Busse mussten in unserer Nähe wenden, um dann - bereits in Richtung nach oben - die Menschenmassen aufzunehmen. Bei diesem Wendevorgang lief ich zu einem der Busse, sprach den Fahrer an und erklärte ihm unsere etwas sperrige Transportsituation.

Und Bingo!
Ich konnte mir ein Grinsen nicht verwehren (in Wirklichkeit habe ich hämisch gelacht!) - der Bus hielt wirklich genau an der Stelle, an der es mein Schwager gefordert hatte.
Die Kraft der Gedanken?!
Ich war selbst erstaunt. Sollte dies wirklich auf mein Denken zurückzuführen sein?
Schließlich hatte ich ja mit dem Fahrer gesprochen. Aber dies änderte nichts an der Tatsache, dass ich es zunächst einmal gedacht hatte, und es dann wirklich so war.

Der Weg, wie man das Ziel erreicht - das lernte ich später noch genauer - ist sekundär. Und außerdem war ja nicht von Hokuspokus die Rede oder von gebratenen Tauben, die einem in den Mund fliegen. Hätte ich es nicht gedacht, wäre ich ja nie auf diese Idee gekommen.

Es war wirklich mein erstes Erfolgserlebnis mit der Methode!

Und von da an ließ mich das Thema nicht mehr los.

Mir schien die Darstellung von Joseph Murphy jedoch in vielen Bereichen etwas zu einfach. Der Grundgedanke war faszinierend, die erklärenden Hintergründe aber fehlten bzw. waren mir persönlich nicht exakt und wissenschaftlich genug. Es fehlte mir die logische Erklärung.
Ich hatte vor Kurzem ein sportwissenschaftliches Studium mit einem Diplom abgeschlossen und hier natürlich auch die Sportpsychologie mit dem allgemein bekannten Mentaltraining detailliert kennengelernt. Gab es hier Verbindungen? Zweifelsohne, aber wie waren sie zu erklären und was vor allem steckte dahinter.

Diesen Fragen wollte ich auf den Grund gehen.

Ich möchte Ihnen, die Sie jetzt genausowenig zufällig dieses Buch lesen wie ich damals das Buch "Die Macht des Unterbewusstseins" von Dr. Joseph Murphy las, meine Ergebnisse vorstellen.

Inzwischen habe ich daraus einen Beruf gemacht. Ich bin - 2003 - seit nunmehr 13 Jahren Management-Trainer zum Thema Motivation und Persönlichkeitsentwicklung.
Nachdem ich die wissenschaftlichen Hintergründe ergiebig erforscht hatte, war es relativ einfach, den Menschen diese Inhalte zu vermitteln und vor allem ihnen klare Handlungsanweisungen für ihre tägliche Praxis geben zu können. Es hat sich dabei gezeigt, dass selbst bei einer so relativ engen Zielsetzung, wie sie in Betrieben oft zu finden ist, nur ein ganzheitliches Vorgehen auf Dauer den Erfolg wirklich garantiert.

Noch eine Bitte vorneweg:

Picken Sie sich aus den Inhalten das für Sie heraus, was Ihnen nützlich scheint. Kombinieren Sie es mit Ihrer bisherigen Sicht des Lebens. Ich möchte Ihnen kein Fertigmenue anbieten, sondern eher die Grundlagen des Kochens beibringen, damit Sie sich selbst jederzeit Ihr Lieblingsgericht zubereiten können.

Oder lassen Sie es mich mit einem Bild meiner Kollegin Vera F. Birkenbihl sagen:
Sehen Sie dieses Buch wie einen Supermarkt. Alle Ideen, die ich hier vorstelle sind wie Waren, die in einem Supermarkt in die Regale gelegt werden. Sie haben nun einen großen Einkaufswagen und können all das einpacken und mitnehmen, was Ihnen gefällt. Sie können natürlich auch etwas liegen lassen.
Ich persönlich habe lange gebraucht, um alle Inhalte in meinen Wagen zu packen. Ich kann also gut verstehen, wenn Sie das ein oder andere noch liegen lassen wollen. Wichtig ist, dass Sie wissen, wo es liegt. Vielleicht gehen Sie ja nach einiger Zeit wieder einmal durch die Regale und holen sich etwas Neues mit.
Und das Tolle an all dem: alle Waren, die Sie mitnehmen, sind schon bezahlt! Sie können also ruhig fleißig einpacken! Sie können dabei nur gewinnen!

Nimm Dein Leben selbst in die Hand.

Du hast die Kraft!

Bevor es los geht:

Dies ist weniger ein Lese- als vielmehr ein Arbeits-Buch. Sie haben dann den größten Nutzen, wenn Sie die im Text vorgeschlagenen Übungen auch wirklich mitmachen.

Immer dann, wenn dieser Cartoon erscheint, ist dies die Bitte an Sie, in Bewegung zu kommen und einfach mitzumachen!

EINFACH MITMACHEN

I. Die Grundlagen

Wir sind das Produkt

unserer Gedanken.

Die Art unseres Denkens wirkt

verursachend in

allen Bereichen unseres Lebens.

Bewusstsein - Unterbewusstsein

Ich werde in meiner Tätigkeit als Coach und Trainer zum Thema Erfolg und Motivation oft gefragt, warum denn der mentale, der geistige Bereich in meiner Arbeit so weit im Vorgrund stehe, warum ich mich mit dem "Denken" beschäftige, anstatt mit dem "Tun". Es wäre doch viel gescheiter, erfolgreich zu verhandeln, erfolgreich zu verkaufen, erfolgreich seine Mitarbeiter zu führen und zu motivieren, als nur erfolgreich zu denken!

Aber überlegen wir doch einmal:
Im Grunde ist doch alles - in der kleinsten Einheit - ein Gedanke.

Alles was wir **tun**, müssen wir zunächst einmal denken. Wir können noch nicht einen Schritt vor den anderen setzen, ohne es zu denken. Nicht unbedingt bewusst, aber zumindest unbewusst.
Alles was wir **sagen**, müssen wir zunächst einmal denken. (Auch wenn es sich zugegebenermaßen bei manchen nicht unbedingt so anhört!)
Alles was wir **wahrnehmen** mit unseren 5 Sinnen - also **sehen, hören, riechen, schmecken und fühlen** (im Sinne von tasten) - fällt ja nicht durch einen großen Trichter in uns hinein, sondern wir machen uns, wie man so schön sagt, darüber unsere Gedanken. Wir verarbeiten alle Wahrnehmungen zu eigenen Gedanken und erst diese werden dann gespeichert.
Aber auch alles, was heute **existiert**, musste ja auch irgend wann einmal gedacht werden. Jeder Gegenstand, jedes Projekt musste zunächst einmal als Idee vorhanden sein. Und aus dieser Idee, aus diesem Gedanken, wurde ein Plan und daraus erst die Realisierung. Und auch unser **Gefühle**, die wir normalerweise im "Bauch" empfinden, sind im Grunde ein Gedanke. Wenn wir an etwas Bestimmtes denken oder eine für uns wichtige Nachricht erhalten, reagieren wir mit Gefühlen.

Alles was ist, ist in der Urform ein Gedanke.

Und deshalb ist es einfach sinnvoll, sich mit dem Denken, dem mentalen Bereich zu beschäftigen. Dann hat man nämlich alle anderen Bereiche quasi "in einem Aufwasch" mit erledigt!

Wenn wir aber beim Thema "Denken" sind, sind wir natürlich auch ganz schnell bei unserem menschlichen Geist, der Psyche, die ja ganz offensichtlich dieses Denken zu Stande bringt.

Und dieser menschliche Geist splittet sich - grob - in 2 Bereiche:

Der erste Bereich, ist das, was wir als Verstand, als Logik bezeichnen. Unsere Ratio, die uns durch dieses Leben manövriert, indem wir Dinge wahrnehmen, sie bewerten, logische Schlüsse daraus ziehen und - wohlüberlegte - Entscheidungen treffen. Diesen Verstand haben wir in unserer Gesellschaftsform sehr lieb gewonnen. Wir sind stolz darauf, erziehen unsere Kinder schon früh zum "logischen Denken" und teilen sogar die Bevölkerung auf in verschiedene Klassen verstandesmäßigen Denkens.

Ganz oben stehen die Akademiker und wenn diese dann noch irgend welche Titel führen, womit sie nach außen deutlich zeigen, dass sie mehr "verstehen" als andere, dann setzen wir sie sogar noch auf einen schönen Thron - bildlich gesehen.
Es interessiert in der Regel nicht, wie lebenstüchtig ein solcher Mensch ist, welche Lebensqualität er hat, ob er glücklich oder unglücklich, zufrieden oder unzufrieden ist. Allein die Tatsache, dass er in der Lage ist, logisch zu denken, erhebt ihn über den Rest der Welt.

Die Dinge, die in diesem Teil unserer Psyche ablaufen, die "wissen" wir, wir sind uns ihrer be-"wusst". Deshalb nennt man diesen Teil auch das sogenannte **"Bewusstsein"**.

Auf der anderen Seite gibt es aber ganz offensichtlich noch weitere Bereiche in unserer Psyche, von denen wir gar nicht so viel wissen. Etwas jenseits dieses Bewusstseins, an das wir irgend wie schlecht heran kommen. Da diese Teile scheinbar unter dem Bewusstsein liegen, wie wenn sie zugedeckt wären, nennen wir diese Teile gemeinschaftlich das sogenannte **"Unterbewusstsein"**.

Das Unterbewusstsein ist sehr viel größer als das Bewusstsein. Wollte man es grafisch darstellen, so käme die Form einer Pyramide wohl am nächsten.

Das Unterbewusstsein hat verschiedene Aufgaben, ohne die der Mensch nicht leben könnte.

Zum einen **speichert** das Unterbewusstsein **alle Informationen**, die wir je - auf welchem Wege auch immer - erhalten haben. Die moderne Hypnoseforschung hat bewiesen, dass tatsächlich alles, was wir im Laufe unseres gesamten Lebens je erlebt (also auch nur gesehen, gehört, getan, gesagt oder auch gedacht) haben, im Unterbewusstsein gespeichert wird. Es geht nichts verloren. Die Frage des Gedächtnisses (und deren Aufteilung in Langzeit-, Mittelzeit-, Kurzzeit- und Ultrakurzzeit-Gedächtnis) ist also nicht eine Frage, ob die Information da ist, sondern ob wir dran kommen.

In Hypnose kann man sich tatsächlich an Dinge erinnern, die man längst "vergessen" hatte, bis ins Detail. Unglaublich, aber wahr.

Es ist also zum einen ein phantastischer Vorratsraum.

Hierzu fällt mir ein Beispiel ein, das ich einmal auf einem meiner Seminare erlebt habe. Bei der Ausführung zu dem Thema Hypnose meldete sich ein Teilnehmer und erzählte, dass er einen damals 15-jährigen Sohn hat, der sehr große gesundheitliche Probleme hatte. Sie sind damals quasi von Arzt zu Arzt gelaufen und keiner konnte ihm so richtig helfen. Bis sie dann auch bei einem Psychologen waren, der den Jungen hypnotisierte. Und in dieser Hypnose erzählte der Junge - in Gegenwart des Vaters - was er zu seinem ersten Geburtstag geschenkt bekommen hatte, was er anhatte und wer zu Besuch da war. Und er konnte diese Informationen nicht aus Erzählungen oder sonstwoher kennen! Der Vater war natürlich völlig überrascht und Nachprüfungen der Angaben des Jungen mit Hilfe von Bildern, der Oma und anderen damals Anwesenden bestätigten deren Richtigkeit.
Ein sehr schönes Beispiel dafür, dass tatsächlich alles im Unterbewusstsein gespeichert wird.

Zum anderen besteht eine ganz wesentliche Aufgabe darin, Dinge, die wir im Leben oft brauchen, **automatisch ablaufen** zu lassen.

Wir haben von Haus aus eine ganze Reihe solcher Automatismen bereits gespeichert.

So laufen zum Beispiel sämtliche Körperabläufe im Innern - gesteuert über das sogenannte vegetative Nervensystem - automatisch. Herz-Kreislauf, Atmung, Verdauung sind nur einige deutliche Beispiele hierfür.

Müssten wir bewusst darauf achten, den nächsten Atemzug zu tun, wären wir vermutlich bereits ausgestorben.

Hinzu kommen eine Reihe anderer sogenannter **Grundbedürfnisse**, die wir in uns verankert haben.

Diese Grundbedürfnisse wurden von ABRAHAM HAROLD MASLOW, einem amerikanischen Psychologen des letzten Jahrhunderts, ebenfalls in Form einer Pyramide dargestellt.

An unterster Stufe stehen die sogenannten **körperlichen Grundbedürfnisse** wie Nahrung (Essen und Trinken), Atmung, Schlaf und Sexualität. Hier geht es förmlich ums "nackte Überleben" - des einzelnen aber auch der Gesellschaft als Ganzes.
Hören wir mit einem davon auf, sterben wir. Bei den ersten Punkten wir selbst, beim letzten die Menschheit.

Auf der zweiten Stufe folgt das Bedürfnis nach **Sicherheit**. Wenn also - auf der 1. Stufe - das Überleben gesichert ist, so will der Mensch dies aber auch möglichst sicher gestalten.
Dieses Sicherheitsbedürfnis geht nun aber weit über das Körperliche hinaus. So will man z. B. wissen, wer man ist, im Vergleich zu anderen. Man will wissen, wie man sich verhalten soll oder darf - besonders deutlich in fremden

sozialen Gruppen oder Ländern festzustellen. Man will sich seines Wissens sicher sein, was oft eine gewisse geistige Unbeweglichkeit mit zunehmendem Alter zur Folge hat. Das Alte wird - der Sicherheit willen - mit allen Mitteln festgehalten. Und man will seine Zukunft abgesichert wissen - ein menschliches Grundbedürfnis also als Zugpferd für Sparbücher und Versicherungen.

Die dritte Stufe beschreibt die **sozialen Bedürfnisse**. Der Mensch ist seit jeher ein "Herden-Wesen" und für seine Entwicklung und sein Leben auf ein entsprechendes Umfeld angewiesen. Kleinkinder, denen nur die körperlichen Grundbedürfnisse erfüllt werden, sind nicht überlebensfähig ohne den direkten Kontakt zu anderen Menschen, sie sterben.

Aus diesem Bedürfnis erwachsen heute die Vereine und Clubs, nachdem die Großfamilie - zumindest in unseren Breiten - als soziales Umfeld nicht mehr existiert.

Wichtige Punkte sind hier auch die Möglichkeit der Kommunikation und das Gefühl der Geborgenheit.

Die vierte Stufe - und hier wird es eigentlich erst interessant - beschreibt die **Ich-Bedürfnisse**, also das Streben nach Anerkennung, Status, Macht und Geltung.

Und - wenn wir ehrlich sind - liegen unsere Ziele meist in diesem Bereich. Wobei hier eine Besonderheit zu beachten ist:

Die erste Stufe, die der körperlichen Grundbedürfnisse, ist in unseren Breiten heutzutage in der Regel gedeckt. Auf der zweiten und dritten Stufe ergeben sich aber ganz häufig Defizite, die, wenn sie auf der entsprechenden Stufe nicht ausgeglichen werden können, in andere Formen gelenkt werden.

Dies ist zum einen die **Aggression**. In diese Kategorie gehören die schreienden Chefs, die schlagenden Väter oder auch prügelnde Fußballfans.

Zum andern kommt es aber auch zur **Depression**, die Aggressionen wenden sich also nach innen. Drogenkonsum in jeder Form, also auch Zigaretten und Alkohol, bis hin zum Selbstmord sind hier oft angesiedelt.

Als letzte und häufig genutzte Möglichkeit, nicht erfüllte Bedürfnisse auszugleichen, gibt es die **Kompensation**, und zwar meist auf eben dieser 4. Stufe.

Einige Beispiele:

Ein Mann fühlt sich in seinem persönlichen Umfeld nicht wirklich geborgen und kompensiert dies durch enorme Arbeitsleistungen ("Workoholiker"), um so von Seiten der Firma die entsprechende Anerkennung zu bekommen.

Ein anderer weiß nicht so recht, was die Zukunft noch bringt, er fühlt sich unsicher und kauft sich dann ein sicheres Auto.

Eine Frau empfindet in ihrem Leben eine innere Leere und füllt diese mit Frustkäufen oder Frustessen.

Diese Kompensierung ist nichts Außergewöhnliches. Schätzungen sprechen davon, dass fast 2/3 (!) unseres Brutto-Sozial-Produktes durch eine solche Kompensierung zu Stande kommt.

Das ist mit folgendem Bild vergleichbar:
Sie haben Löcher in den Strümpfen und deswegen kalte Füße. Sie stopfen aber am Ellenbogen, weil Sie da besser ran kommen.
Nur können Sie an den Ellenbogen noch so viel stopfen, Sie werden davon nie warme Füße bekommen!

Und hier kommen wir zwangsläufig zum Thema **Selbstwertgefühl.** Ob die Bedürfnisse auf der 2. und 3. Stufe erfüllt sind, unterliegt zum größten Teil der subjektiven Einstellung eines jeden. Und je geringer das Selbstwertgefühl ausgeprägt ist, desto gravierender wird ein möglicher Mangel empfunden werden.

Jemand, der sich selbst ausreichend liebt, wird kein Status-Symbol in der Garage brauchen, um diese Liebe von außen zu bekommen.

Das deutliche Erkennen der einzelnen Bedürfnisse und die Befriedigung auf der entsprechenden Stufe sind Voraussetzung für ein zufriedenes Leben.
Nur so kann auch die 4. Stufe überwunden werden. Wenn allerdings immer neue Bedürfnisse sozusagen von unten nachschieben, wird die 5. Stufe nie erreicht werden.

Und diese 5. Stufe betrifft die **Selbstverwirklichung**.

Selbstverwirklichung

Ich-Bedürfnisse

Soziale Bedürfnisse

Sicherheit

Körperliche Grundbedürfnisse

Der Wunsch, sich selbst mit seinen persönlichen Talenten, Zielen, Idealen und Wünschen zu verwirklichen, ist also ein natürliches Grundbedürfnis. Es ist tief in uns eingelegt und daher unbedingt auch zu beachten.

Wobei es hier nicht um die Realisierung von sogenannten Anerkennungs-Bedürfnissen geht, die gehören in die Stufe 4, sondern um Dinge, die man aus reiner Freude tut.

So zum Beispiel das Ergreifen von sozialen Berufen (Starbeispiel Mutter Theresa) oder das Ausdrücken einer künstlerischen Begabung, ob nun in der Musik oder der bildenden Kunst.
(Hierzu mehr aber auch später im Kapitel "Ziele")

Die Reihenfolge, in der wir die MASLOW'sche Bedürfnispyramide durchlaufen müssen, ist immer von unten nach oben.
Solange wir wirklich Hunger leiden, werden wir uns keine Gedanken über gut-nachbarschaftliche Beziehung machen. Und solange wir Probleme in der Partnerschaft haben, werden wir uns nicht selbst verwirklichen können.

Ca. 90%

unseres Verhaltens

sind unterbewusst

gesteuert,

und diese Steuerung

folgt unseren

vorherrschenden,

bewussten

Gedanken!

Automatismen

Soweit zu den im Unterbewusstsein abgelegten Grundbedürfnissen. Kommen wir zu einer weiteren Eigenart des Unterbewusstseins: häufig erhaltene Informationen werden als Muster oder Automatismus abgespeichert.

OFT WIEDERHOLT = GELERNT !

Wiederholung:

Da wirklich alles gespeichert wird, kann das Unterbewusstsein auch feststellen, wenn verschiedene Informationen mehrfach ankommen. Und wenn etwas **oft genug** wiederholt wurde, dann haben wir es **"gelernt"**, es wird als Prägung, als Automatismus abgelegt und läuft in Zukunft praktisch von alleine.

Auch dies ist ein Beweis dafür, dass tatsächlich alles im Unterbewusstsein gespeichert wird. Würden die Informationen nämlich "durchfallen" wie durch ein Fass ohne Boden, dann könnten wir gar nicht bemerken, dass bestimmte Dinge schon einmal da waren. Es wäre alles neu und somit könnten wir überhaupt nicht lernen!

Wir alle kennen diesen Prozess aus dem Bereich der Bewegung. Ein Kind, das gerade dabei ist, das Laufen zu erlernen, muss jeden Schritt sehr bewusst und aufmerksam ausführen. Je öfter es aber richtige Schritte gemacht hat, je öfter also die richtige Information ins Unterbewusstsein gelangt ist, desto mehr wird sich der Automatismus festigen und schon einige Tage nach dem erfolgreichen Lernen fragt man sich, ob es denn je nicht laufen konnte.
Das gleiche gilt für das Autofahren. Wie konzentriert mussten Sie in Ihrer ersten Fahrstunde Bremse, Gas und Kupplung bedienen, und wie nebenbei läuft es heute.

Dieser Automatismus-Prozess ist also etwas ganz Nützliches und Sinnvolles. Alles was wir häufig brauchen wird sozusagen verselbständigt, damit wir den Kopf, das Bewusstsein, frei haben für andere Dinge.
Stellen Sie sich nur 1 Stunde Ihres Lebens vor, in der Sie alles, was Sie normalerweise automatisch tun, wieder bewusst tun müssten, also auch reden, schreiben, rechnen, koordiniert bewegen, essen, trinken und, und, und!

Wie automatisch wir in vielen Bereichen der Bewegung handeln, können Sie selbst einmal testen:

EINFACH MITMACHEN

Verschränken Sie doch einfach 'mal Ihre Arme.

Nun sehen Sie bitte nach, welcher Arm oben liegt. Der Rechte oder der Linke? Es ist nun gleich, welcher Arm bei Ihnen der Obere ist, machen Sie es nun aber bitte einmal genau anders herum! Der Arm, der eben noch oben lag, muss jetzt unten liegen!

Vermutlich haben Sie bei diesem Test die gleichen Probleme wie die Mehrzahl Ihrer Mitmenschen. Manche meinen sogar, das ginge gar nicht.

Aber Sie sehen: Sie haben auf eine ganz bestimmte Art und Weise als Kind die Arme verschränkt, haben das immer wieder wiederholt, bis es von ganz alleine ging. Heute machen Sie sich keinerlei Gedanken mehr darüber, es läuft ja von alleine.

Oder ein anderes Beispiel: Falten Sie einmal die Hände. Kontrollieren Sie jetzt bitte, welcher Daumen oben liegt. Der Rechte oder der Linke? Öffnen Sie nun Ihre Hände und verschieben Sie sie so, dass bei einem erneutem Schließen nun der andere Daumen oben ist.

Auch diese Übung ist verblüffend schwierig. Beweist sie doch ebenfalls, wie "eingefahren" wir in vielen Dingen sind.

Dieser Prozess der Automatisierung funktioniert nun aber nicht nur bei unserer Motorik, sondern auch in Bezug auf unsere Gedanken.

Alles, was wir oft genug denken, wird in unserem Unterbewusstsein als Muster abgelegt und wird uns in der Folge in unserem Verhalten beeinflussen.

Nehmen wir einmal an, Sie haben einen Nachbarn, der sich - ihrer Meinung nach - etwas seltsam benimmt. Der fährt doch mindestens einmal in der Woche mit seinem Wagen beim Einrangieren in die Garage an seine Hauswand, nicht fest zwar, aber immerhin. Und das Seltsamste daran ist, dass er sich noch nicht einmal darüber aufregt. Sein Auto sieht in der Zwischenzeit aus wie nach einem Crash-Rennen, aber auch dies scheint Ihren Nachbarn nicht zu stören. Wirklich seltsam!

*Wenn Sie dieses Geschehen nun oft genug argwöhnisch beobachtet haben, und noch immer sind Sie der Meinung, dass der nicht ganz in Ordnung sein kann, so wird sich dieser Gedanke automatisieren. Sie brauchen also in Zukunft nicht mehr daran zu denken, dass Ihr Nachbar etwas seltsam ist, sie werden es einfach **wissen**. Es wird fester Bestandteil Ihres täglichen Lebens sein und alles, was Sie je in Verbindung mit diesem Nachbarn erfahren, wird auf der Basis "seltsam" von Ihnen bewertet werden. Was auch immer er tut, er wird keine Chance haben, von Ihnen neutral bewertet zu werden.*

*Aber auch **Ihr Verhalten** ihm gegenüber wird in Zukunft automatisch auf dieser Basis "seltsam" laufen. Ihre Ansprache, Ihre Wortwahl, Ihre Gestik und Körpersprache, Ihr Tonfall wird sich ihm gegenüber entsprechend gestalten.*
So lange zumindest, bis nicht ein anderes häufiges Verhalten des Nachbarn vielleicht gerade das Gegenteil bei Ihnen hervorruft und somit das alte Programm gelöscht wird.

Jeder häufige Gedanke wird also ebenfalls als Automatismus gespeichert.

Und somit ist dies auch ein Kernpunkt unseres Lebens.

Ein weiterer Punkt, der zu einer Automatisierung im Unterbewusstsein führt, ist neben der Häufigkeit des Gedankens auch dessen Intensität, also die **emotionale, gefühlsmäßige Bindung.**

... ODER WIE FALTEN SIE IHRE HÄNDE ?

Erlebnisse, die mit sehr starken Gefühlen verbunden werden, können mitunter schon beim ersten Mal zu einem Muster führen.

Das klassische Beispiel ist hier das Kind mit der heißen Herdplatte. Verbrannte Finger sind mit so großen Schmerzen (einer besonders negativen Art von Gefühlen) verbunden, dass das Kind nicht zehn mal auf die Platte greifen muss, um zu lernen, dass sie heiß ist. Das dabei empfundene Gefühl ist in der Regel so groß, dass ein einziges Mal genügt.

Oder nehmen wir den tragischen Verlust eines nahestehenden Menschen oder aber eine Vergewaltigung.
Frauen, denen dies zustößt, sind hierdurch in der Regel enormen emotionalen Belastungen ausgesetzt. Dies kann nun sofort zu einem unterbewussten Muster führen, dass z. B. alle Männer schlecht sind. Und diese Prägung kann sie ihr Leben lang in ihrem Verhalten den Männern gegenüber bestimmen. Wenn sie auch bewusst, also vom Verstand her, meinen, über das Ereignis weg zu sein, so werden sie doch unterbewusst immer wieder entsprechend der Prägung reagieren.

In den meisten Fällen verhalten wir Menschen uns nicht bewusst, d. h. wir überlegen nicht lange, was und wie wir etwas tun können, sondern wir handeln wirklich automatisch.

90% (in Worten: neunzig Prozent!) unseres gesamten Verhaltens - so schätzen Experten - sind unterbewusst gesteuert.
Unser gesamtes **Verhalten** ist also zu 90% abhängig von unseren Prägungen. Und zum Verhalten gehören ja nicht nur die Dinge, die wir **tun**, sondern auch die Dinge, die wir **nicht tun**.

Einer der wesentlichsten Unterschiede zwischen einem Menschen, dem es sehr gut geht und einem anderen, bei dem das nicht der Fall ist, sind plus/minus 40 cm.
40 cm ist der Unterschied zwischen denen, die in ihrem Leben immer nur sitzen bleiben, und den anderen, die diese 40 cm überwinden und den Hintern hoch kriegen.
Wie oft im Leben haben Sie denn schon gesagt, "Ich müsste unbedingt einmal..." oder "Eines Tages werde ich..." oder "Wenn ich einmal Zeit habe, dann...", aber Sie haben die ganze Zeit ihren Hintern nicht hochbekommen.
Das ist allerdings kein Vorwurf, denn auch dies gehört zu dem automatischen Verhalten.
Wir alle haben gelernt, dass es besser ist, nichts zu tun. Das beginnt in der Regel ganz früh, spätestens mit sechs Jahren. Wenn wir in die Schule kommen, lernen wir, dass wir für Fehler bestraft werden - mit schlechten Noten und roten Strichen auf der Seite. Und wer wird schon gerne bestraft? Also treffen wir irgendwann die Entscheidung, dass es besser ist, nichts zu tun. Wobei das der größte Fehler ist.

Ich habe mich mal mit einem Priester unterhalten, der in einer großen Krebsklinik Sterbebegleitung macht. Der macht also den ganzen Tag nichts anderes, als sich mit Menschen zu unterhalten, die demnächst sterben. Und der sagte mir, dass er ganz selten auf Menschen trifft, die sich darüber beklagen, dass sie in ihrem Leben bestimmte Dinge getan haben. Er hat aber massenweise Menschen, die sich darüber beklagen, dass sie

bestimmte Dinge nicht getan *haben! "Hätte ich doch dies!",*
"Hätte ich doch jenes!", "Hätte ich mehr auf meine Gesundheit
geachtet!", "Hätte ich mehr Zeit mit meiner Familie verbracht!",
"Hätte ich diese Chance damals ergriffen!". Hätte, hätte, hätte
...!!! Aber sie haben Ihr Leben lang den Hintern nicht hoch
bekommen.

Verhalten heißt aber auch, **wie** ich etwas tue. Ob ich engagiert bin,
mich dafür einsetze, ob ich dran bleibe - oder ob ich gerade mal so
"Dienst nach Vorschrift" mache. Es ist klar, dass hier das Ergebnis
ganz anders aussehen wird.

Verhalten heißt auch, **wann** ich etwas tue. Es gibt Menschen, die
haben eine hervorragende Begabung darin, immer so einen Tick zu
spät zu kommen. So nach dem Motto "Tut mir Leid, gestern wurde
die Stelle vergeben!" .

Aber auch unsere Art, auf bestimmte Situationen oder Menschen zu
reagieren, unsere Wortwahl und die Art zu sprechen oder unsere
Gefühle basieren zum größten Teil auf eben zuvor erlernten und
gespeicherten Abläufen.

Denken Sie nur daran, wie Sie mit kleinen Kindern reden und
wie Sie mit Ihrem Chef reden. Ohne sich groß Gedanken darüber
zu machen, wählen Sie in jeder Situation die entsprechende
Form.

(Und die restlichen 10% laufen natürlich auch über die Psyche, eben
über unsere Logik, das Bewusstsein.)

Also auch unsere gesamte **Körperlichkeit** wird über die Prägungen
in unserem Unterbewusstsein gesteuert.

Das oben erwähnte Beispiel gehört in den Bereich der **Körpersprache.**

KÖRPERSPRACHE

Unter Körpersprache versteht man bestimmte Verhaltensweisen, die in der Regel nicht bewusst gesteuert werden, sondern gemäß unserer inneren Einstellung eben automatisch ablaufen. Diese begrenzen sich allerdings auf den Körper als solches. Hierzu gehören neben der Gestik auch der Tonfall, die Körperhaltung und die Mimik aber auch im weitesten Sinne die Wortwahl, die Lautstärke beim Sprechen und die Stimmlage und deren Änderungen (wobei dies allerdings zur klassischen Körpersprache nicht dazugezählt wird).

Ob wir also beim Gespräch mit anderen Menschen einen besonders netten oder aggressiven Ton an den Tag legen, ob wir eine abweisende oder annehmende Körperhaltung einnehmen, ob wir ein freundliches oder ein böses Gesicht machen, hängt von den inneren Einstellungen diesen Menschen gegenüber ab - also von unseren Prägungen. Und dies wird automatisch gesteuert, ohne dass wir darauf direkten Einfluss hätten.

Sicher können wir in Kenntnis dieser Dinge unsere Körpersprache entsprechend verändern und anpassen, aber sobald wir die absolute Kontrolle darüber verlieren - und wer hat die schon über einen längeren Zeitraum - wird die alte Automatik wieder greifen.
Die Wirksamkeit unserer Körpersprache ist zudem nicht abhängig davon, ob unser Gegenüber diese beurteilen kann. Natürlich wird ein geschultes Auge bestimmte Gesten z. B. sehr schnell deuten und entsprechend darauf reagieren, aber auch ein Laie wird - eben

unbewusst - diese Dinge sehr wohl registrieren und dies in sein Verhalten wiederum einfließen lassen.

Die Körpersprache ist deshalb so wichtig für uns Menschen, weil wir "Augenwesen" sind. Wir nehmen sehr viel mehr Information mit dem Auge, als mit allen anderen Sinnesorganen auf. Zudem werden Bilder 15 mal schneller zum Gehirn transportiert wie zum Beispiel Worte. Ein Experiment, das ich oft in meinen Trainings und Seminaren durchführe, ist für die Teilnehmer sehr überraschend und beeindruckend. Ich fordere die Teilnehmer auf: "Machen sie jetzt bitte Folgendes: Heben sie ihre Arme *waagerecht* nach oben." Dabei hebe ich allerdings meine Arme *senkrecht* nach oben. Bei allen durchgeführten Experimenten haben fast ausnahmslos alle Teilnehmer ihre Arme *senkrecht* in die Höhe genommen, obwohl ich gesagt habe, sie sollten sie nur *waagerecht* nach oben nehmen. Ein schönes Beispiel dafür, dass wir eben mehr auf die Dinge reagieren, die wir sehen, als auf die, die wir z. B. nur hören.

Ein Beispiel dazu aus dem Alltag. Wenn ein Vater seinem Kind sagt: "Du darfst nicht lügen!", so ist das sicher eine wichtige und sinnvolle Information. Wenn der Vater allerdings anschließend beim Klingeln seines Telefones seiner Frau sagt: "Ich bin nicht da.", wird das Kind zwar die Botschaft "Du darfst nicht lügen" hören, aber sehen wird es, dass der Papa lügt. Und da die visuellen Eindrücke größer sind, wird es vermutlich in Zukunft auch lügen.
Falls Sie eigene Kinder haben, werden Sie vermutlich auch schon die Erfahrung gemacht haben, dass Erziehung keinerlei Sinn hat - die machen einem eh alles nach!
Wir sollten als Eltern also darauf achten, unseren Kindern ein gutes Vorbild zu sein, also das auch zu leben, was wir anerziehen wollen. Zugegebenermaßen recht anspruchsvoll - aber die einzig wirklich erfolgreiche Methode!

Ein weiterer Punkt, in dem unsere Körperlichkeit durch die Prägungen im Unterbewusstsein entscheidend beeinflusst wird, ist unsere **Figur**.

32

Ob wir zu dick, zu dünn, zu schwer, zu leicht, ob wir unförmig oder wohl proportioniert sind, hängt auch von den Mustern ab, die wir uns durch häufige Wiederholung und/oder viel Gefühl ins Unterbewusstsein eingelegt haben.

Sicher ist unser Gewicht abhängig von der Art und der Menge unserer Nahrung. Wenn dies jedoch allein ausschlaggebend wäre, wieso gibt es dann die sogenannten guten und schlechten "Futterverwerter"? Und warum hat der eine einen Heißhunger auf Süßes und der andere eben nicht. Warum isst der eine eben solange, bis wirklich nichts mehr hineingeht, und der andere ist schon beim ersten Sättigungsgefühl mit dem Essen fertig?
Der Schlüssel liegt in der Art unserer Prägungen.

Ich veranstaltete vor Jahren - quasi als Hobby nebenbei - spezielle Seminare zum Thema "Denke Dich schlank" und es zeigten sich immer wieder die abenteuerlichsten Ursachen für Übergewicht.

Die Frau, deren Mutter dick war, und deren ersten und häufigsten Bilder von erwachsenen Frauen eben das Modell "dick" hatten, ist hierbei noch das Harmloseste.

Viele Menschen werden als Kinder oft liebevoll "Dickerchen" gerufen. Da dieser Kosename nun aber mit Anerkennung und Liebe verbunden ist, ist das Kind unterbewusst daran interessiert, diesem auch zu entsprechen. Und solange eine solche Prägung nicht verändert wird, werden wir auch als Erwachsene immer wieder darauf achten, eben das "geliebte" Dickerchen zu bleiben.

Neben anderen möglichen Ursachen, die in der Kindheit gesetzt werden, sind wir aber oft selbst täglich damit beschäftigt - ohne dass wir es wollen - solche Muster zu verankern.

Wie oft sagen Menschen mit Figurproblemen am Tag: "Ich bin zu dick!",
"Egal was ich esse, ich nehme direkt zu!",
"Die Kleider werden immer enger!"?

Dazu kommt natürlich auch noch die Bestätigung mit den gleichen Äußerungen aus unserem Umfeld. Und dann wundern wir uns, dass es tatsächlich so ist!

Aber auch Verhaltensweisen wie "den Teller leer essen" oder Überzeugungen wie "nur dicke Kinder sind gesunde Kinder" hängen vielen noch hinterher und steuern sie so vehement, dass ein vernünftiges Ernährungsverhalten und gesund ausgesuchte Nahrung eben nicht möglich sind.

Besonders eklatant sind die Ursachen für Übergewicht, die aus besonderen Erfahrungen herrühren.
Eine Frau auf einem solchen Seminar stellte im Rahmen der Ergründung der Ursachen fest, dass Ihr wirklich sehr unansehnliches Äußeres auf folgende Begebenheit zurückzuführen war: Als heranwachsende, hübsche junge Frau wurde sie oft von Männern "angemacht", was ihr als sehr schüchternes und streng erzogenes Mädchen sehr unangenehm war. Eskaliert ist dieses Verhalten in einer versuchten Vergewaltigung durch einen dieser Verehrer. Hierauf hatte diese Frau - ohne dass sie sich bewusst darüber im Klaren war - beschlossen, sich ein solch hässliches Äußeres zuzulegen, dass nur ja kein Mann mehr auf solche Gedanken kommen sollte. Dieses Ziel hat sie mit Erfolg erreicht - aber zu welchem Preis!

Ähnlich anschaulich ist das Beispiel eines Mannes, der feststellte, dass er seit geraumer Zeit in seiner Partnerschaft mehr Freiraum für sich anstrebte. Er konnte somit auch die körperliche Nähe seiner Frau nicht mehr so gut ertragen. Überhaupt rückten ihm die anderen zu dicht auf die Pelle. Und genau seit dieser Zeit hat er sich - unterbewusst - einen entsprechenden Abstandhalter besorgt - in Form eines Bauches mit klassischen "Rettungsringen" rundum.

Gleichgültig, wo die Ursache für ein Über- oder auch Untergewicht, für bestimmte Figurbesonderheiten auch herrühren, **eine langfristige Veränderung ist nur möglich, wenn diese eigentlichen Ursachen im Unterbewusstsein bearbeitet werden.**
Natürlich helfen Diäten oder Fasten, aber eben nur solange man sie einhält. Sehr rasch ist das alte "Soll" wieder erreicht, eine Erfahrung die nur allzuviele schon viel zu oft gemacht haben.

Noch deutlicher wird der Vorgang, wenn man sich die Abläufe in unserem Körper einmal genauer ansieht. Der Mensch hat eine Reihe von **Regelmechanismen** im Körper, die dafür sorgen, dass bestimmte fix vorgegebene Werte konstant bleiben. So z. B. für das Thema Körpertemperatur. Die ist fix vorgegeben auf 37°C - exakt sind es 36,8°C - und wir haben nun einen Regelmechanismus, der dafür sorgt, dass diese Temperatur immer konstant bleibt. Wenn die Temperatur droht abzusinken, beginnen wir zu zittern und diese Bewegung erzeugt Wärme. Droht die Temperatur zu steigen, beginnen wir zu schwitzen und Verdunstung der Feuchtigkeit auf der Haut erzeugt Kälte, also bleibt auch hier die Temperatur konstant.
Und ein Regelmechanismus funktioniert ja genau wie ein Thermostat von einer Heizungsanlage. Stellen sie sich vor, in dem Raum, in dem sie gerade sitzen, sei ein Thermostat, der auf eine Temperatur von 30°C eingestellt ist. Das ist nun ziemlich warm. Wenn es nun draußen kühler als 30°C ist, öffnen sie einfach das Fenster. Und die Temperatur im Raum wird sinken. Wenn es allerdings kühl genug ist und Sie schließen das Fenster wieder, wird es dazu führen, dass die Heizung

wieder auf ihre vorgegebenen 30° C aufwärmt. Das ist ja schließlich ihre Aufgabe.

Genauso ist es aber auch beim Thema Figur und Gewicht, nur mit dem Unterschied, dass hier der Wert nicht fix vorgegeben ist, sondern er ist variabel.
Nehmen wir als Beispiel einen Mann mit 100 Kilo. Der stellt früh morgens nackt vor dem Spiegel fest, dass ihm das zu viel ist und er beschließt: Diät! (Fenster auf) Er wird abnehmen, denn es kommt ja nichts mehr. Irgendwann hat er genug davon. Entweder, weil er genug abgenommen hat, oder weil er endlich wieder etwas Vernünftiges essen will. (Fenster zu) Und er wird wieder zunehmen.
Aber es kommt etwas Entscheidendes hinzu. Im Grunde etwas Geniales - aber zu diesem Thema etwas Dramatisches!
Der Thermostat der Heizungsanlage, den ich vorhin beschrieben habe, ist ja im Grunde genommen nur eine dumme Maschine, die nichts anderes tut wie 30°C - nein: anschalten, 30°C - ja: ausschalten.

Unser Körper hingegen ist hoch intelligent. Er wird bei einer Diät sich sofort "seine Gedanken" machen. Er wird sofort merken, dass irgendetwas nicht stimmt. Und gemäß der instinktmäßig eingeprägten Erkenntnisse wird er vermuten, dass wohl eine Not ausgebrochen ist, eine Dürrekatastrophe vielleicht, und der arme Mensch nichts zu Essen bekommt. Gott sei Dank hat der Körper Reserven angelegt und diese Reserven wird er nun entsprechend anzapfen. Nachdem die vermeintliche Not nun zu Ende ist, und unser Mann wieder normal isst, wird der Körper diese Reserven wieder auffüllen.

Aber es kommt noch etwas Entscheidendes hinzu:
Er wird den Level von 100 Kilo als sein Soll nehmen. Da nun durch die verringerte Ernährung dieses Soll unterschritten wurde, wird sich der Körper denken, was er wohl tun kann, um dieses Soll auch in Zukunft aufrecht zu erhalten, auch dann, wenn eine solche Not noch mal kommen sollte. Und er wird mehr Reserven anlegen, als er vorher hatte - sagen wir 105 Kilo.

"Dick durch Diät" ist eine Erfahrung, die die meisten, die eine Diät gemacht haben, bereits kennen. Dass sie nachher mehr wiegen als vor Beginn einer Diät.

Statistisch gesehen wiegen 90% aller Menschen, die eine Diät machen, ein Jahr nach Beginn der Diät zwei Kilo mehr als vorher! Langfristig kann es eben nur funktionieren, wenn wir parallel dazu unseren "Thermostaten", also unsere Prägungen im Unterbewusstsein ändern.

Was oft ebenfalls mit der Figur zusammenhängt ist ein weiterer Punkt unserer Körperlichkeit, die durch die Prägungen in unserem Unterbewusstsein verursacht werden, unser **Aussehen.**
Sehen wir jung und dynamisch aus oder alt und verbraucht?

Dies hat, das werden sie selbst schon erfahren haben, nicht nur mit der Anzahl der bereits gelebten Jahre zu tun, sondern auch mit der inneren Einstellung.

"Man ist so jung (oder eben so alt) wie man sich fühlt!"

Das kennen Sie.

Wieso gibt es bei Klassentreffen immer wieder - optisch - Generationsunterschiede zwischen eigentlich gleichaltrigen Menschen?

Allein die äußere Veränderung nach einem schweren Schicksalsschlag ist Beweis genug für den Einfluss der Psyche auf unser Aussehen.

Wie viel besser sehen wir aus, wenn wir frisch verliebt sind, als wenn gerade eine Partnerschaft in die Brüche gegangen ist!

Diese Wirkung kennen Sie vielleicht auch von einem etwas dubiosen Partygag:

Mehrere Gäste suchen sich ein Opfer willkürlich aus den Anwesenden und treiben mit ihm folgendes Spiel: der erste der "Täter" geht auf ihn zu, und fragt ihn, ob es ihm nicht gut ginge. Nachdem das Opfer dies in der Regel vehement abstreitet, kommt nach wenigen Minuten scheinbar völlig unabhängig vom ersten der zweite Täter und macht ein ähnliche Bemerkung, etwa, 'ob er denn krank wäre'. Spätestens beim dritten oder vierten Anlauf wird es dem Opfer sehr übel werden. Kraft der Gedanken!

Die Abhängigkeit Prägungen/Aussehen ist sogar so eklatant, dass sich eine eigene Wissenschaft hieraus gebildet hat, die "Physiognomische Psychologie". Sie geht davon aus, dass man aus Äußerlichkeiten - also zum Beispiel der Statur, der Form des Gesichtes oder der Nase - Rückschlüsse auf den Charakter eines Menschen ziehen kann. Und was ist der Charakter anderes als die Prägungen in unserem Unterbewusstsein?

Aber natürlich auch die Frage der **Körperpflege** ist unterbewusst gesteuert.

Eine Frau, die zum Beispiel der Meinung ist, dass sie hässlich ist, wird nie auf die Idee kommen, etwas für ihr Äußeres zu tun. Wozu sollte sie auch zum Friseur, zur Kosmetikerin, wozu sollte sie sich schicke Kleider kaufen? Dies wird - nach ihrer Überzeugung - nichts an ihrer Hässlichkeit ändern.

Aber da beißt sich natürlich die Katze in den Schwanz!

Wer nichts aus sich macht, wird nach außen natürlich als hässlich gelten.

Wenn wir aber beim Thema Körper, äußere Erscheinung und Aussehen sind, so ist der Schritt zum Thema **Gesundheit** natürlich nicht mehr weit.

Vor ca. 30 Jahren hat die klassische Medizin 20% aller Krankheiten psychische Ursachen zugesprochen, heute ist sie bereits bei 80% angelangt.

alles nur in der Psyche

Es gibt heute sogar Ärzte, die behaupten, dass 100 % aller Krankheiten ihre Ursache in der Psyche hätten. Aber wir brauchen ja gar nicht so weit zu gehen. Wenn nur 80 % aller Krankheiten psychosomatisch sind, dann hieße das ja, dass man diese 80 % auch auf genau diesem Wege - über die Psyche - heilen könnte. Davon will die klassische Medizin allerdings nichts mehr wissen. Nicht, dass sie es nicht wüsste. Aber unser Gesundheitssystem gibt es einfach nicht her. Wenn Sie z. B. mit Magenproblemen oder sogar einem Magengeschwür zu einem Arzt gehen, müsste der sie eigentlich fragen, ob sie irgendwelche Probleme haben. Ein solches Gespräch allerdings wird nicht ausreichend bezahlt. Davon kann der Arzt keine Miete und keine Sprechstundenhilfe zahlen. Das Einzige, was ihn ernährt und was ihm auch entsprechend gelehrt wurde, ist medikamentöse oder operative Behandlung.

Auch das Partyspielchen von weiter oben ist eine gutes Beispiel dafür.
Probleme bereitet diese Denkweise immer dann, wenn doch "ganz klare Ursachen" für eine Krankheit verantwortlich zu sein scheinen. Wichtig ist hier, zwischen **Ursache** und **Auslöser** zu unterscheiden. Sicher ist der Auslöser für eine Grippe das entsprechende Virus, das sich ein Mensch einfängt. Es ist aber nicht die Ursache, die liegt nämlich quasi eine Stufe tiefer. Wäre das Virus wirklich die Ursache, so müsste jeder, der mit dem Virus behaftet ist, auch erkranken. Warum aber reagiert das Immunsystem des einen so, dass die Krankheit eben nicht zum Ausbruch kommt und des anderen eben schlechter. Die Antwort liegt hier wieder in der Psyche.

Und beim Thema Gesundheit gibt es zwei wichtige Punkte. Der erste Punkt ist der **enorm große Einfluss der Psyche auf unseren Körper**, wie, am Beispiel des Partyspiels ersichtlich. Viele Leute erwarten auch, dass sie krank werden, dass sie zum Beispiel einmal im Jahr eine deftige Grippe bekommen - und der Körper reagiert entsprechend.
Auch Placebos sind ein gutes Beispiel hierfür. Placebos sind Medikamente, die eigentlich gar keine sind. Wenn nun in Versuchsreihen Gruppen mit Personen, die die gleiche Krankheit haben, zum Teil mit richtigen Medikamenten, zum Teil aber auch mit Placebos versorgt werden, so werden alle, die davon ausgehen, dass sie das richtige Medikament bekommen haben, im gleichen Verhältnis gesund werden. Auch die, die nur das Placebo eingenommen haben.

Der zweite Punkt ist, dass auch eine **Krankheit so etwas ähnliches wie eine Körpersprache** ist. Der Körper will etwas damit sagen.

*Bei dem Beispiel Schnupfen sollte sich jeder Betroffene einmal fragen, **wovon** er denn - im übertragenen Sinne - die **Nase voll** hat. Gegen **wen** jemand **allergisch** ist, **wen** oder **was** er nicht mehr **sehen** oder **hören** will, **was** ihm auf den **Magen schlägt** u. v. m. ist der eigentliche Hintergrund der im Körper gezeigten Symptome.*

Und solange nur die Symptome behandelt werden ohne die dahinter liegenden Ursachen zu beheben, wird zwangsläufig ein weiteres, vielleicht sogar schlimmeres Symptom wieder auftreten.
Der Körper ist hier auch halt eben nur der Spiegel der Seele.

Das Tragische hier ist die Tatsache, dass einmal verankerte Automatismen immer stärker sind als das bewusst gelenkte Verhalten. Wir werden uns schlussendlich immer gemäß unserer Prägung verhalten und nicht gemäß unseres Willens.

**Die einzige Möglichkeit ist die
Veränderung der Prägung.**

<u>Fassen wir also nochmals zusammen:</u>
Alles was wir oft genug und/oder mit großer emotionaler Anteilnahme bewusst denken, tun, sagen und wahrnehmen, wird im Unterbewusstsein als Automatismus verankert und wird uns
* in unserem Verhalten beeinflussen und wird uns
* in unserer Körperlichkeit steuern in Bezug auf
       - Körpersprache
       - Aussehen
       - Figur und sogar
       - Gesundheit.

Ich vergleiche das Verhältnis Bewusstsein/Unterbewusstsein auch gerne mit einem **großen Dampfer**:

Oben auf der Brücke steht der Kapitän (wir mit unserem Verstand, dem Bewusstsein). Und dieser Kapitän gibt die Befehle nach unten in den Maschinenraum (ins Unterbewusstsein). Die Mannschaft im Bauch des Schiffes wird diese Befehle ausführen. Werden nun in ähnlichen Situationen auch ähnliche Befehle gegeben, so wird sich die Mannschaft dies merken und selbständig handeln. Der Kapitän hat also in Standardsituationen den Kopf frei für wichtigere Dinge.

Genau wie die Mannschaft im Bauch des Schiffes aber nun nicht nach außen sehen kann, wo das Schiff hinfährt, also quasi blind gehorcht, so wird auch das Unterbewusstsein jede Prägung in unser Verhalten einfließen lassen. Egal, ob es für uns gut oder schlecht ist. Befehl ist eben Befehl!

Ein anderer anschaulicher Vergleich ist der mit einem **Computer**:

*Da gibt es zunächst die sogenannten **Betriebssysteme**, Programme, um das Ganze überhaupt einmal zum Laufen zu bringen. Diese Betriebssystem sind fester Bestandteil einer jeden EDV und quasi "von Haus aus" vorhanden. Diesen entsprechen die **Grundbedürfnisse** als grundlegender Teil des Unterbewusstsein.*

*Der Rest des Speichers ist mit **Programmen** und **Daten** belegt. Daten sind einzelne **Informationen**, die bei Bedarf abgerufen werden. Auch unser Unterbewusstsein speichert alles, was wir je getan, gesagt, erlebt haben.*

*Die Programme nun, die das Ganze interessant machen, entsprechen unseren **Prägungen**, den **Automatismen**. Der Programmierer, der unsere Programme eingegeben hat, sind nun aber wir selbst, wir mit unserer bewussten Wahrnehmung, unseren bewussten Gedanken.*

Wenn ein Programm also "Mist" ausspuckt, hängt dies - eine korrekt funktionierende Hardware (gleich Körper) vorausgesetzt - immer daran, dass "Mist" einprogrammiert wurde.

**Jeder Mensch hat
direkten Anschluß an die
universellen Lebens- und
Schöpfungsenergien,
auch GOTT genannt.**

**Über unsere Intuition
stehen wir in direktem Kontakt mit
dieser Energie.**

Das gemeinsame Unterbewusstsein

Interessant wird es natürlich nun, wenn wir uns dieses Schema in der Verbindung von mehreren Menschen ansehen.
Und da ergibt sich etwas wirklich Faszinierendes.

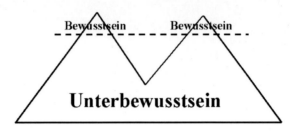

Es existiert innerhalb der einzelnen "Unterbewusstseine" eine Schnittstelle.
Jeder Mensch ist also nicht ein für sich geschlossenes System, sondern die **Informationen** werden - unterbewusst, ohne dass wir dies bewusst merken - **weitergegeben**.
Diese Schnittstelle ist Grundlage für augenscheinliche Dinge wie Gedankenübertragung, Intuition oder auch die Liebe. Wie sonst wäre die "Liebe auf den ersten Blick" zu erklären, wenn nicht über eine Vielzahl unterbewusster Informationen.

Dass diese Schnittstelle existiert, wurde inzwischen von vielen wissenschaftlichen Bereichen bewiesen. Allen voran die Biologie mit ihrem namhaften Vertreter **Rupert Sheldrake**.

Er nennt diese Verbindung **"morphogenetisches Feld"** und hat sogar eine Theorie für den Vorgang der Übertragung entwickelt. Danach "entstehen diese Felder durch eine genügend große Anzahl von Mustern, die dann durch eben die morphische Resonanz, also auf einer Art Gedächtnis beruhend, wiederentdeckt werden". (Shaldrake, Das Gedächtnis der Natur, siehe Lit.-Liste)

Zur Erklärung das berühmte Beispiel der Affen:

Forscher fütterten auf einer Insel Affen mit Kartoffeln. Da die in den Sand geworfenen Leckereien nun verständlicherweise durch diese "Panade" wenig schmackhaft waren, begannen bald einzelne Affen, die Kartoffeln zu waschen. Dies ahmten dann sehr schnell weitere Affen nach. Nachdem nun eine ausreichend große Anzahl Affen das Kartoffelwaschen betrieben, übertrug sich diese Handlungsweise plötzlich auf alle Affen. Aber das wirklich Erstaunliche daran war, dass nicht nur die Affen, die auf der Insel lebten, sondern auch alle andern, tausende von Kilometern entfernt lebende Affen, dies nachahmten.

Die Biologie spricht hier vom Prinzip des "hundertsten Affen", ab dem diese morphische Resonanz zu Tage tritt.
Aber auch mit einer Reihe anderer Tierarten und sogar mit Menschen wurde inzwischen die Existenz dieser "Schnittstelle" zweifelsfrei nachgewiesen.

Informationen, die von einem oder halt mehreren "Bewusstseinen" in das jeweilige Unterbewusstsein eingelegt wurden, sind von allen anderen Individuen ebenfalls abrufbar.

Am Beispiel Mensch zeigt sich dies auch deutlich in München beim internationalen Patentamt. Hier gehen ganz häufig innerhalb kürzester Zeit die gleichen Patente aus unterschiedlichen Teilen der Erde ein, ohne dass eine Verbindung bestanden hätte. Sobald eine Idee geboren wurde, ist sie auch für alle anderen abrufbar.

Wenn wir uns daran erinnern, dass wir bei unserem "Ein-Personen-Modell" davon gesprochen haben, dass alle Dinge, die wir je wahrgenommen und erlebt haben, im Unterbewusstsein gespeichert sind, so wird mir zumindest bei dieser Schnittstelle doch leicht schwindelig.

Alles, was je von einem Menschen gedacht wurde - und dazu gehören ja auch alle Handlungen, Äußerungen, Erlebnisse etc. - ist jedem anderen Mensch durch das gemeinsame Unterbewusstsein zugänglich.

Woher sonst nehmen Menschen die Informationen, um über einen ihnen Fremden detaillierte Angaben über dessen Vergangenheit zu machen.

Personen, die einen so außergewöhnlich guten Zugang zu diesem "Pott" haben, nennt man gemeinhin Hellseher oder Wahrsager. Wenn auch eine Vielzahl hiervon, meines Erachtens, Scharlatanerie betreibt, so ändert dies nichts an der korrekten Arbeit wirklich guter Hellseher.

Hier wird also mit dem eigenen Bewusstsein in das gemeinsame Unterbewusstsein gegriffen und die entsprechenden Informationen "herausgeschöpft". Dreh- und Angelpunkt ist hier die richtige "Schöpf-kelle". (Näheres hierzu später!)

Dieser Informationsaustausch funktioniert nun aber nicht nur innerhalb der Menschen, die gerade leben. Wir haben ja auch Informationen von unseren Eltern mitbekommen. Zum einen in Form von Genen, zum andern aber eben auch über das gemeinsame Unterbewusstsein.

Überlegen Sie, wie selbstverständlich unsere Kinder heute mit dem technischen Stand umgehen. Es ist für sie nicht erforderlich, dies neu zu lernen, sie "wissen" quasi schon um die Existenz dieser Dinge und nutzen sie einfach.

Wenn wir also Informationen von unseren Eltern mitbekommen haben, dann ist das aber auch fortsetzbar. Denn unsere Eltern hatten ebenfalls ihre Eltern "angezapft" und diese wieder deren und so weiter und so weiter.

Im Grunde sind also alle Informationen seit Menschengedenken im gemeinsamen Unterbewusstsein enthalten, ein unerschöpflicher Fundus, den wir uns nur zu Nutze machen müssen.

Und wie wir diese Quelle nennen, ob gemeinsames Unterbewusstsein oder morphogenetisches Feld, ob kosmische Intelligenz oder Natur ist gleich.

Es gibt Menschen, die nennen diese Quelle einfach **"Gott"**.

Und diese **innere Schöpferkraft** ist auch mit dem Begriff "Gott" gemeint. (Der alte Mann mit dem erhobenem Zeigefinger auf Wolke 17 ist nur eine Darstellung der Kirche.)

Alles, was sie sich je unter dem Begriff "Gott" vorgestellt haben, ist in Ihnen und Sie haben Anschluss daran. Sie sind die maßgebende Institution für Ihr Leben. Sie gestalten Ihr Leben mit wahrhaft "göttlicher" Kraft durch Ihre Gedanken.

Seien Sie sich darüber bitte im Klaren:

Sie sind der Schöpfer Ihrer eigenen Welt.

Das gemeinsame Unterbewusstsein zwischen Mensch - Tier - Pflanze

Diese Schnittstelle funktioniert nun aber nicht nur zwischen den Mitgliedern einer bestimmten Spezies, also z. B. nur zwischen Mensch und Mensch oder zwischen Hund und Hund.
Diese Schnittstelle verbindet tatsächlich alles, was auf dieser Erde, sogar dem gesamten Universum existiert.
Dass wir uns dessen nicht bewusst sind, ändert nichts an dieser Tatsache.

Wir können tatsächlich unterbewusste Verbindung mit den Vertretern einer anderen Spezies aufnehmen.

Was anders tut ein Mensch, der beim kleinsten Winseln seines Hundes genau weiß, was dieser will.
Oder im umgekehrten Fall: Ist Ihnen schon einmal aufgefallen, dass Hunde es sehr wohl registrieren, ob Herrchen aufsteht, um mit ihnen Gassi zu gehen oder ob er sich nur ein Bier aus dem Kühlschrank besorgt. Auch ohne dass nur ein Wort gefallen ist oder mit der Leine gerasselt wird.

Oder kennen Sie vielleicht auch Menschen, auf die alle Hunde allergisch reagieren, oder andere denen jede Katze vertraulich zuläuft?
Hier werden einfach Muster aus dem Unterbewusstsein der betreffenden Personen von den Tieren empfangen.
Die erste Person hat vielleicht einmal schlechte Erfahrungen mit einem Hund gemacht und dies fest als Prägung verankert, die andere Person liebt einfach Katzen, und diese merken das.

Auch jeder Reiter kann Ihnen bestätigen, dass bei einem gut eingespielten Team Pferd-Mensch weniger die Zügel oder die Gerte, als vielmehr die gefühlsmäßige Verbindung eine Rolle spielt.

Aber auch mit Pflanzen können wir über dieses gemeinsame Unterbewusstsein kommunizieren:

Häufig liest man in Zeitschriften von erstaunlichen Züchtungen im Gartenbau. Fragt man den Gärtner nach seinem Geheimnis, so hört man sehr oft, dass er "einfach mit den Pflanzen rede" und sie darüberhinaus natürlich "liebe". (Natürlich ohne den zusätzlichen Einsatz von jeglichen fragwürdigen Mitteln und Methoden! Wer wird das, was er liebt, schon radioaktiv bestrahlen?!)

Gerade in dem Verhältnis Mensch - Pflanze sind in den letzten Jahren und sogar schon Jahrzehnten erstaunliche Entdeckungen auch von wissenschaftlicher Seite gemacht worden.

Ein klassisches Beispiel soll hier genügen:

Mit Hilfe von Elektroden eines Polygraphen, die an den Blättern eines Drachenbaumes befestigt waren, bemerkte ein gewisser CLEVE BACKSTER - Amerikas führender Lügendetektor-Experte - schon im Jahr 1966, dass die Pflanze auf seine Gedanken reagierten. Er musste nur in Erwägung ziehen, ein Blatt der Pflanze mit einem Streichholz zu versengen, und schon schlug die Nadel aus. Näherte er sich jedoch mit einem brennenden Streichholz, ohne die Absicht wirklich in die Tat umsetzen zu wollen, ließ dies die Pflanze "kalt".

Eine Unmenge weiterer Versuche wurden und werden bis zum heutigen Tage gemacht und alle brachten das gleiche Ergebnis: Pflanzen sind in der Lage, Informationen von uns Menschen auf unterbewusstem Wege zu empfangen - besser sogar wie wir Menschen selbst.

Diese Verbindung besteht sogar zwischen Tieren und Pflanzen.

So hat ein Philodendron auf einem Aufzeichnungsgerät schier
panische Reaktionen gezeigt, als in einem Nachbarzimmer ein
lebender Hummer in kochendes Wasser geworfen wurde.

Offensichtlich sind wir Menschen in dieser Fähigkeit noch etwas
zurück.
Wir konzentrieren uns auf unsere 5 Sinne und vergessen dabei, dass
es darüber hinaus noch so unendlich viel mehr gibt.

Trainieren Sie sich doch etwas in dieser "nonverbalen Kommunikation", indem sie ab und zu einmal gedanklichen Kontakt mit Tieren
aufnehmen oder sich einfach mal mit einem alten Baum unterhalten.
Sie werden sehen, es macht - nach anfänglichen Hemmungen -
wirklich Spaß und mit der Zeit werden Sie ein wirkliches "Gespräch"
führen können.

Probieren Sie es aus!
Die Zeiten, dass man dafür auf dem Scheiterhaufen verbrannt wird,
sind - Gott sei Dank - längst vorbei.

Die Wirkungsweise des gemeinsamen Unterbewusstseins

Zur Erinnerung: Wir hatten gesagt, dass Gedanken, die oft genug und/
oder mit großem Gefühl ablaufen, zu einem Automatismus im
Unterbewusstsein führen und uns in unserem Verhalten entsprechend dieser Prägung beeinflussen.

Gedanken sind ja nun eine Form von Energie. Und genau wie andere
Formen der Energie sich graphisch darstellen lassen , so kann man
dies - der Anschaulichkeit wegen - auch bei unseren Gedanken tun.
Wir nehmen hier die Form von Wellen. Jeder Gedanke entspricht also
einem bestimmten Wellenmuster.
So hat auch jedes Muster, das im Unterbewusstsein abgelegt ist, ein
ganz spezifisches Wellenmuster. Und dieses Wellenmuster senden
wir - durch die Schnittstelle - zu allen anderen.

Treffen wir nun auf Menschen, die uns auf Anhieb **sympathisch** sind, so hängt das daran, dass Prägungen in unserem Unterbewusstsein auf Prägungen beim anderen treffen, die identisch sind. Wir sprechen ja auch wortwörtlich davon: "Wir sind auf der **gleichen Wellenlänge**."

Und diese Sympathie erleben wir ja sofort, auch wenn wir erst Stunden oder Tage später erfahren, wie viele Überzeugungen, Neigungen, Interessen, eben Prägungen, identisch sind.

Sind nun viele Prägungen gleich, so spricht man von Freundschaft, sind es ganz viele, von Liebe.

Und dann passiert es auch immer wieder, dass sich der eine oder der andere verändert, dass er auf einmal andere Prägungen hat. Dann passen die Wellenlängen natürlich nicht mehr zueinander - und die Liebe ist dahin.

Diese Schnittstelle, dieses gemeinsame Unterbewusstsein, hat nun verschiedene Auswirkungen in unserem Leben.

Die erste ist die oben schon erwähnte **"Informations-Übertragung"**. Das heißt, die Prägungen in unserem Unterbewusstsein beeinflussen nicht nur die Punkte aus dem Modell für eine Person, sondern sie werden auch zu den anderen übertragen.

Beispiel: Stellen Sie sich vor, Sie möchten sich für eine neue Stelle bewerben und haben auch schon einen Termin für ein Vorstellungsgespräch.

Jetzt haben Sie im vorangegangen Abschnitt über das Bewusstsein und das Unterbewusstsein erfahren, dass unser Verhalten *ganz wichtig ist und Sie besuchen nun also ein Bewerbertraining, wo Sie das richtige Verhalten erlernen können. (Das gibt es wirklich!) Dort lernen Sie auch die richtige* Körpersprache, *um also auch nonverbal zu überzeugen. Außerdem achten Sie selbstverständlich auf Ihr* Aussehen - *Sie werden sich entsprechend der möglichen zukünftigen Aufgabe kleiden und vielleicht sogar vorher noch zum Frisör gehen. Ihre* Figur *werden Sie vermutlich nicht mal so rasch ändern können, aber*

Sie werden sich vermutlich so kleiden, dass Sie dynamisch erscheinen. Und mit einer dicken Grippe gehen Sie vermutlich auch nicht zu einem Vorstellungsgespräch, also sind Sie auch zum Thema Gesundheit *bestens gerüstet. Alle Punkte aus dem oben beschriebenen Modell sind also zur vollsten Zufriedenheit erledigt.*

Und nun sitzen Sie also dem potenziellen Chef gegenüber und erzählen ihm von Ihrem Bewusstsein zu dessen Bewusstsein, was Sie für eine tolle Frau oder ein toller Mann für diesen Job sind, also quasi "oben rum".

Tief unten in Ihrem Unterbewusstsein sitzt nun aber vielleicht eine uralte Prägung aus Ihrer Kindheit, die heißt "Aus mir wir nie etwas!". Irgend jemand aus Ihrem Umfeld hat Ihnen vielleicht immer wieder diese Negativbotschaft förmlich eingetrichtert.

Und auch diese Botschaft wird zu Ihrem Gegenüber gelangen - eben unterbewusst über diese Schnittstelle, quasi "unten rum".

Je nach Empfindsamkeit wird der potentielle Chef dies als "Gefühl", "Intuition" oder auch "sechsten Sinn" bezeichnen.

Auf jeden Fall aber wird er auch diese Empfindung mit in seinen Entscheidungsprozess mit einfließen lassen und dann vielleicht spontan zu Ihnen sagen: "Vielen Dank, wir telefonieren dann. Rufen nicht Sie uns an, wir rufen Sie an!" Und das war's dann!

Das heißt, dass diese unterbewusste Informationsübertragung alle noch so gut einstudierten Techniken zunichte machen kann. Alles was "oben rum" läuft ist quasi wie ein Kasperletheater, bei dem die Spieler hinter der Abdeckung allerdings sichtbar sind.

Der zweite Punkt, der durch die Querverbindung der einzelnen "Unterbewusstseine" verursacht wird, ist die sogenannte **"Gefilterte Wahrnehmung"**.

Überlegen Sie sich einmal, wie viele Informationen täglich auf uns einströmen, und wieviele wir davon wirklich registrieren. Abgesehen von der Lufttemperatur und -feuchtigkeit, dem Druck der Kleidung auf der Haut, allen Nebengeräuschen und vielem mehr, bemerken wir doch tatsächlich nur, was uns wirklich interessiert - also womit wir uns häufig beschäftigen und daher ein entsprechendes Muster im Unterbewusstsein haben.

Jeder kennt folgende oder eine ähnliche Situation: Sie wollen sich ein neues Auto kaufen und haben sich inzwischen auf eine Marke und ein bestimmtes Modell festgelegt. Und plötzlich fährt "jeder" nur noch diesen Wagen. "Andauernd" kreuzt einer Ihren Weg. Bisher gab es gar nicht so viele davon! (Natürlich gab es schon so viele, Sie haben sie nur nicht bemerkt.)

Das Prinzip ist das gleiche wie beim Radio oder Fernsehen:

In der Luft gibt es - sagen wir - 100 verschiedene Sender. Auf dem Tisch steht nun ein Radio, das genau auf einen Sender, auf eine Wellenlänge eingestellt ist. Dieses Radiogerät filtert nun genau diesen Sender aus der Vielzahl aller Sender heraus. Und wenn man es fragen könnte, wieviele Sender es denn wohl gibt, würde es im Brustton der Überzeugung "einen" sagen.

Und genau so nehmen wir, aufgrund der Wellenlänge der Muster in unserem Unterbewusstsein, in unserer Umwelt nur die Dinge wahr, die dieser Wellenlänge entsprechen.
Selektierte, **gefilterte Wahrnehmung also aufgrund unserer Interessen und Neigungen, unserer Überzeugungen und Vorstellungen**.

Und das ist auch ganz sinnvoll: was interessieren mich in einem Park die umherlaufenden Hunde, wenn ich Gänseblümchen-Fan bin? Ich werde also jedes noch so kleine Blümchen finden und wenn mich abends jemand nach der Anzahl der Hunde im Park fragt, muss ich passen.

Auf der anderen Seite ist aber diese selektierte Wahrnehmung auch problematisch. Die Muster in unserem Unterbewusstsein sind ja häufig gar nicht so positiv.

Wenn ich nun jemand bin, der sich fürchterlich über Verunreinigung von Parks durch Hundekot aufregt, dann werde ich auch eben nur diese feststellen. Ich werde genau wissen, wieviele Hunde da waren und wieviele Häufchen sie an diesem Tag gelegt haben. Und ich werde vermutlich nicht ein einziges Gänseblümchen bemerken - außer ein Hund war so nett, seine Fäkalien in ein wunderschönes Gänseblümchenfeld zu legen.

In beiden Fällen handelt es sich um das gleiche Prinzip: wir nehmen genau das wahr, was unserer Wellenlänge entspricht. Nur im zweiten Fall werde ich den Tag wohl kaum genossen haben. Eigentlich schade, bei so vielen Gänseblümchen!

Stellen Sie doch einmal eine Gruppe von Menschen in einer Reihe nebeneinander auf und bitten Sie jeden, das, was er gerade sieht, zu beschreiben. Obwohl alle objektiv das gleiche wahrnehmen müssten, werden Sie doch ausnahmlos unterschiedliche Berichte bekommen.

Die Wahrnehmung ist eben von unseren Prägungen abhängig, und diese sind individuell verschieden.

Es gibt also im Grunde keine objektive Wahrheit, denn "Wahrheit" ist das, was ich für "wahr halte". In unserer realistischen Welt hält man aber nur das für wahr, was man mit seinen 5 Sinnen erfassen kann. Und eben die Wahrnehmung über die Sinne ist - wie wir gesehen haben - von der inneren Einstellung, den Erwartungen abhängig, also eben doch subjektiv.

Diese gefilterte Wahrnehmung hat aber noch einen Haken:
Wir bilden uns über eine Sache eine ganz bestimmte Meinung, indem wir den gleichen Gedanken immer wieder denken. Wir automatisieren das Ganze im Unterbewusstsein. Aufgrund dieser Prägung haben wir eine begrenzte Wahrnehmung und bemerken also primär die Dinge, die dieser Meinung entsprechen.

Und dann sprechen wir - oft ganz "großspurig" - von unseren "Erfahrungen". (...nach dem Motto: "Siehst Du, ich habe es genau gewusst!" Dabei haben wir es nicht vorausgesehen. Wir haben es vielmehr verursacht durch unsere Prägungen!)
Und diese Erfahrungen wiederum bestätigen uns in unseren Überzeugungen, wir denken den gleichen Gedanken ja nochmals, und festigen so das Muster. Ein Teufelskreis.

Als Beispiel möchte ich hier Ludwig anführen, ein Vertreter der Menschen, die der Meinung sind, dass "die Welt schlecht ist, früher alles besser war, und andere ihn nur übers Ohr hauen wollen". Aufgrund dieser Einstellung filtert er auch tatsächlich nur die negativen Aspekte aus seinem Leben, stärkt dadurch seine Prägung, verhält sich entsprechend und erntet dann natürlich wieder genau das, was er erwartet.

Diesen Teufelskreis können wir nur dadurch durchbrechen, dass wir - trotz unserer "Erfahrung" - **einfach Gedanken in unser Unterbewusstsein senken, die nicht der sogenannten Realität entsprechen sondern das beinhalten, was wir gerne hätten.**

Unterbewusste gefilterte Wahrnehmung

Die gefilterte Wahrnehmung bezieht sich nun nicht allein auf unsere Wahrnehmung mit den 5 Sinnen. Da die Informationen ja zum Großteil eben unterbewusst ausgetauscht werden, findet natürlich auch hier diese Auswahl statt.

Wenn wir uns aus einer Vielzahl von möglichen Partnern zum Beispiel spontan für einen bestimmten entscheiden, so immer deshalb, weil die Prägungen dieses Menschen identisch sind mit unseren Überzeugungen über einen möglichen Partner. Ob die nun positiv oder negativ sind, spielt dabei keine Rolle.

Sie bekommen zum Beispiel als Frau die Aufgabe, aus einer Gruppe von Männern, die Ihnen alle gänzlich unbekannt sind, sich spontan einen herauszusuchen. Sie können sicher sein, dass Sie genau den Mann finden werden, der Ihrem Bild "des Mannes" entspricht. Wenn Sie also vielleicht der Meinung sind, dass Männer nichts im Haushalt tun, dann werden Sie genau einen solchen finden. Auch wenn es unter allen zur Auswahl stehenden Männern nur einen einzigen davon geben sollte!

Wir wählen uns immer die Menschen, die die gleiche Wellenlänge haben wie wir. Eben wieder genau wie beim Radio.

Oder das Beispiel der Frau, die vier verschiedene Partner "erwischte", die sie alle schlugen. Nicht dass sie es mochte, nein, im Gegenteil. Und die Neigungen der Männer waren auch immer erst nach einiger Zeit zu Tage getreten.
Es gab - rein äußerlich - auch keinerlei Verbindungen zwischen den Männern.
Bis die Frau - in der Zwischenzeit mit den psychischen Grundlagen vertraut - bemerkte, dass es wohl an ihr selbst hängen müsste.
Und sie erinnerte sich, dass ihr Vater früher ihre Mutter geschlagen hatte. Dieses Erlebnis hatte sich in dem kleinen Kind so fest als Prägung verankert, dass es quasi normal war, dass Frauen von den Männern körperlich gezüchtigt werden.
Und bei der Wahl ihrer Partner hatte sie sich jedesmal - unbewusst natürlich - immer wieder für einen Menschen entschieden, der dieser Prägung entsprach.
Idiotisch - aber deshalb nicht weniger wirkungsvoll.

Oder ein weiteres Beispiel, das viele sicher kennen:

Viele Menschen, die im sogenannten "fortgeschrittenen" Alter (wieder) einen Partner suchen, sind der Überzeugung, dass "in Ihrem Alter" alle möglichen Partner entweder verheiratet sind, oder es stimmt "etwas" nicht mit ihnen (sonst wären sie ja verheiratet!).

Diese Überzeugung führt nun dazu, dass diese Menschen tatsächlich immer nur die potentiellen Partner treffen, die wirklich verheiratet sind, oder bei denen wirklich etwas nicht stimmt.

Alle anderen bemerken sie aufgrund der gefilterten Wahrnehmung einfach nicht. Diese entsprechen ja nicht ihrer Wellenlänge.

Aber auch weniger spektakuläre Fälle bekunden diese Tatsache:

Sie kennen bestimmt die Situationen, in denen Sie - anscheinend wider jede Vernunft - ein bestimmtes Gefühl haben. Da sitzen Sie einem Menschen gegenüber, der Ihnen - bewusst betrachtet - ganz sympathisch sein müsste. Aber irgendwie haben Sie da so ein komisches Gefühl im Magen.

Nun, Sie erhalten einfach unterbewusste Informationen, die nicht mit Ihrer Wellenlänge übereinstimmen. Es gibt eine Disharmonie.

Sie fühlen, was wirklich in diesem Menschen vorgeht, egal, was er Ihnen erzählt. Und Sie haben somit eine bessere Möglichkeit, auf diese Person zu reagieren.

Dieser ganzheitliche Informationsempfang - bewusst über die fünf Sinne und unterbewusst über das Gefühl - ist natürlich sehr viel aussagekräftiger als nur der erste Weg.

Und diesen zweiten Weg benutzen wir alle täglich, nur meist sind wir uns dessen nicht bewusst und - wenn wir es einmal merken - dann misstrauen wir ihm oft.

Dabei ist er sehr viel wertvoller als unsere Logik.

Gefilterte Wahrnehmung von außen zu uns

Diese gefilterte Wahrnehmung funktioniert nun natürlich nicht nur von uns nach außen, sondern auch von außen zu uns.

Genau wie wir unsere Umgebung gemäß unserer Überzeugungen wahrnehmen, tun es natürlich auch alle anderen.
Wenn wir also die Frau aus unserem Beispiel vorhin mit den Männern, die sie geschlagen haben, alleine in ein Café setzen - der erste Mann, der sie anspricht, ist vermutlich ein potenzieller Schläger. Es ist doch völlig egal aus welcher Richtung es kommt. Ob er ihr sympathisch oder sie ihm sympathisch ist, ist doch egal. Die Wellenläge ist die gleiche.

Und so wirken wir also, aufgrund unserer inneren Muster, auch auf die anderen.

Nicht genug, dass wir uns durch unsere Prägungen, unsere Überzeugungen in unserem Äußeren kundtun durch unser Verhalten, die Kleidung, die Körperpflege, die Haltung, die Sprache, die Gestik, den Tonfall u.v.m. - alles Dinge, die unser Gegenüber mit den 5 Sinnen wahrnehmen kann.
Nein, auch wenn wir uns noch so gut nach außen "verkaufen" können, werden die unterbewussten Informationen bei der Umwelt immer ankommen. Der andere wird es fühlen, ob er sich dessen bewusst ist oder nicht. Und er wird sich von diesem Gefühl beeinflussen lassen, ebenfalls ob er sich dessen bewusst ist oder nicht.

Natürlich gibt es genügend Beispiele, wo skrupellose Betrüger nach außen "den Seriösen" mimen und ausreichend Kundschaft finden, ohne dass die es "fühlen".

Dies hat jedoch **zwei einfache Gründe**:

Zum einen sind wir in unserer westlichen Industriegesellschaft sehr "verkopft", d. h. wir haben es verlernt, auf unser Gefühl zu hören und entscheiden alles ganz logisch. Nur - logische Argumente haben zumindest intelligente Betrüger immer ausreichend zur Hand.

Der andere Grund ist folgender: Viele Menschen sind der Überzeugung, dass es in unserer Gesellschaft geradezu von Betrügern wimmelt. Jeder will einem ans Geld ohne entsprechenden Gegenwert bieten zu können. Wenn nun unser Gauner gerade mit einem solchen Menschen zu tun hat, dann wird dieser ein "gutes" Gefühl dabei haben. Das, was nämlich unterbewusst von dem Betrüger rüberkommt, entspricht genau dem, was das Opfer gespeichert hat.
Dass das Opfer nach dem Entdecken des Schwindels überhaupt kein gutes Gefühl mehr hat, hat damit nichts zu tun.
Wichtig ist die Gleichschwingung der Prägungen, die sich quasi einander anziehen.

Und das können wir fast wörtlich nehmen.

Zu einem Verbrechen - um bei dem Beispiel zu bleiben - gehören immer mindestens 2. Das Opfer und der Täter.
Das Opfer sendet seine Überzeugungen in Form einer ganz bestimmten Wellenlänge "in den Äther"- konkret in das gemeinsame Unterbewusstsein. Der Täter, auf der Suche nach einem möglichen Opfer, klopft seinerseits nun den Äther nach Wellenlängen ab, die den eigenen entsprechen - ohne dass er sich dieses Vorganges bewusst sein muss.
Und er wird genau den Menschen finden, der seiner kriminellen Wellenlänge entspricht.

Ich möchte damit um Gottes willen nicht sagen, dass alle Opfer ebenfalls Kriminelle sind. Aber alle Opfer haben - irgendwo in ihrem Unterbewusstsein - eine Prägung verankert, die damit gleichschwingt.
Solche Prägungen können zum Beispiel lauten: "Die Welt ist schlecht und voller Gauner", oder "Ich habe Angst, überfallen zu werden", oder "Es passiert in letzter Zeit wieder so viel", oder, oder, oder.

Die gleiche Systematik - um auf eine erfreulichere Thematik zu kommen - funktioniert natürlich auch bei positiven "Verhältnissen": Geschäftspartnern, Verkäufer - Kunden oder zwischen Mann und Frau.

Wenn Sie also einen - sagen wir - neuen Geschäftspartner suchen, dann müssen Sie zunächst einmal ihr Unterbewusstsein mit den nötigen Informationen vertraut machen. Wenn Sie sich nicht ganz klar darüber sind, welche Qualitäten Ihr neuer Kompagnon mitbringen soll, und diese dann auch nicht als Muster in Ihrem Unterbewusstsein verankern, dann werden Sie entweder keinen, oder einen Partner bekommen, der einem alten Muster in Ihnen entspricht. Wenn Sie keine Ahnung haben sollten, ob ein solches Muster bereits vorhanden ist und wie es aussieht, dann werden Sie dies spätestens dann wissen, wenn der neue Mann/die neue Frau vor Ihnen steht.

Beschweren Sie sich dann aber bitte nicht, wenn die Person Ihnen nicht gefällt. Sie entspricht hundertprozentig Ihren inneren Prägungen.

Fassen wir also nochmals zusammen:

Alles was wir oft genug und/oder mit größtmöglicher emotionaler Anteilnahme denken, tun, sagen und wahrnehmen wird in unserem Unterbewusstsein als Automatismus abgelegt.

Dieses Muster führt dazu,
   dass wir
1. in unserem Verhalten entsprechend gesteuert werden,
   dass wir
2. in unserer Körperlichkeit gesteuert werden in Bezug auf
      Körpersprache
      Aussehen
      Figur
      Gesundheit,
   dass wir

60

3. diese unterbewussten Informationen an unsere Umwelt weitergeben (ob wir dies wollen oder nicht),

dass wir

4. die Umwelt gemäß der Muster gefiltert wahrnehmen (mit unseren 5 Sinnen, aber auch unbewusst),

und dass wir

5. von unserem Umfeld gemäß unserer Muster wahrgenommen werden (ebenfalls über die 5 Sinne oder unbewusst).

Und Sie merken: es bleibt nichts übrig!

Alles was uns passiert (oder nicht passiert), wie es uns geht, in welchen Verhältnissen wir leben und arbeiten, hat also ursächlich mit der Art unserer Gedanken zu tun.

Und wenn Sie zu dieser Tatsache bedingungslos "ja" sagen, dann haben Sie alle Chancen im Leben.

Bei positiven Ereignissen sind wir ganz schnell mit der Übernahme der Verantwortung. Erfolg haben immer **wir** verursacht. Negative Dinge haben meist die anderen verschuldet. Immer finden wir Gründe, was **andere** oder **äußere Umstände** zum Misserfolg beigtragen haben.

Wenn Sie aber wirklich "ja" sagen zu allem in Ihrem Leben, wenn Sie wirklich die Verantwortung für **alles** übernehmen, was in Ihrem Leben je passiert ist, dann erst haben Sie die Chance, alles in Ihrem Leben alleine - ohne äußere Einflüsse - zu verändern.

Und so ist es tatsächlich. **Sie haben die Kraft!**

Andere Menschen
spiegeln uns unsere
eigenen, inneren
Überzeugungen wider.
Auch unsere Lebenssituation
ist ein Spiegel unserer unterbewussten
Prägungen.

Deshalb:
Wenn du
die Welt verändern willst,
musst du
dich selbst verändern!

Der Spiegel

Wenn dies also so ist, dass wir immer nur das wahrnehmen, was in unserem Unterbewusstsein als Muster vorhanden ist, so kann man die Personen und Situationen in unserem Umfeld auch als **Spiegel** für uns bezeichnen.

Und tatsächlich - so unglaublich es vielleicht klingt - spiegelt uns unsere Umgebung lediglich unsere inneren Überzeugungen wider.

Um dies etwas deutlicher werden zu lassen, teilen wir die möglichen Spiegel zunächst einmal - grob - in **Menschen und Situationen**.

Beginnen wir bei den **Menschen**.

Alles was uns bei anderen Menschen besonders auffällt, ob nun positiv oder negativ, hat tatsächlich immer mit uns und unseren inneren Prägungen zu tun.

Da wir gemeinhin dazu tendieren, positive Eigenschaften bei anderen zu übersehen oder aber deren Träger als gerade mal "nett" einzustufen, wollen wir uns hier schwerpunktmäßig den negativen Gewohnheiten unserer lieben Mitmenschen zuwenden.
Hier liegt auch - wie so oft im Leben - die größere Lernchance.

Grundsätzlich lassen sich vier verschiedene Spiegel-Aspekte unterscheiden:

1. Das Eigenverhalten

Alles was uns an unserem Gegenüber nicht gefällt, gefällt uns deshalb nicht, weil wir uns im Grunde **selbst genau so verhalten**. Nur merken wir es nicht.

Dies ist natürlich - gerade auch schon als erster Punkt - ganz schön dick aufgetragen. Zugegeben!
(Zur Beruhigung: es folgen noch 3 weitere Punkte, die weniger gravierend sind und sich prima als "Rettungsanker" eignen.)
Aber dieser erste Punkt macht den größten Teil des Spiegels aus.

Aber erinnern wir uns an die gefilterte Wahrnehmung. Wir können tatsächlich nur das sehen, was wir als Muster verinnerlicht haben.

Prüfen Sie also jedesmal, wenn wieder mal so ein fieser Stinkstiefel vor Ihnen steht und Ihnen fürchterlich auf die Nerven geht, ob genau dieses Verhalten andere vielleicht auch bei Ihnen selbst bemerken könnten.

Wir sind ganz gut darin, uns selbst in einem falschen Bild zu sehen. (Um so besser, dass genügend Spiegel in dieser Welt herumlaufen!) Ich gebe zu, dass dieser Punkt - sofern er bei wirklicher Hinterfragung zutrifft - ganz schön weh tun kann. Und häufig wehrt sich unser Ego dann auch ganz mächtig mit einem "Ich - so!? Nein!".

Leider führt dies oft dazu, das Kind mit dem Bade auszuschütten - sprich unser Interesse an einer wirklichen persönlichen Entwicklung aufzugeben, weil wir eine bestimmte Situation nicht als Spiegel verstehen wollen.
"Das kann ja wohl nicht sein, dass ich so bin wie der. Also lass ich es ganz bleiben!"

Ich empfehle daher diesen ersten Punkt zunächst einmal **bei Dritten** zu beobachten, möglichst bei Personen, denen gegenüber wir eher neutral eingestellt sind.

Wenn Ihnen also das nächste Mal Ihr Kollege erzählt, wie fürchterlich sich ihr gemeinsamer Chef wieder aufgeführt hat, so überprüfen Sie einmal, ob denn nicht genau dieser Kollege sich ebenfalls mitunter genauso benimmt.

Sie werden erstaunt feststellen, wie oft dieser erste Spiegelpunkt, das Eigenverhalten, wirklich zutrifft.
Und wenn Sie dann - so nach und nach - bei anderen die Richtigkeit dieser Theorie festgestellt haben, dann versuchen Sie es immer öfter auch einmal bei sich selbst.

Wenn Sie dann merken, dass Sie sich ja mitunter genauso verhalten wie der (vielleicht sogar auch "nur" sich selbst gegenüber), dann bedanken Sie sich innerlich freundlich bei ihm dafür, dass er so nett war, Ihnen auf die Sprünge zu helfen. Und gehen Sie in Zukunft daran, dieses negative Verhalten bei sich zu verändern.

Und wenn Sie dann wirklich Ihr entsprechendes Verhalten abgelegt haben, dann werden Sie merken - oh Wunder! - dass Ihnen dieses Verhalten an den andern gar nicht mehr auffällt oder es Sie zumindest nicht mehr stört.
Der Resonanzboden ist praktisch entzogen. Was will auch gespiegelt werden, wenn nichts mehr da ist?
Häufig tritt auch schon eine plötzliche Änderung allein durch das Erkennen des Spiegels ein.

2. Das Wunschverhalten

Als zweite Möglichkeit bietet sich an, dass uns bestimmte Verhaltensweisen an anderen nur deshalb stören, weil wir im Grunde **gerne genauso wären**.

Der Spiegel kommt also durch unser Neid-Gefühl zustande.
Wir merken, dass der andere etwas hat oder kann, was wir selbst gerne hätten oder könnten, und ärgern uns **über uns selbst**. Und diesen Frust projizieren wir auf den anderen, indem wir ihn ablehnen.

Dies ist der einfachste Weg. Wenn wir nämlich das bei anderen ablehnen, was wir im Grunde selbst gerne hätten, so haben wir einen triftigen Grund dafür, es selbst nicht haben zu müssen. Wir lehnen es ja schließlich ab.

Wir sind also aus dem Schneider. Wir brauchen uns nicht anzustrengen und vor allem müssen wir uns nicht eingestehen, dass wir versagt haben.

Dies ist natürlich eine Milchmädchenrechnung. Solange wir unsere Wünsche verdrängen, können wir sie uns nicht erfüllen. Und solange wir sie nicht erfüllt haben - in welcher Form auch immer (siehe MASLOW'sche Bedürfnispyramide) - werden wir auf andere neidisch sein.

Überlegen Sie in Zukunft also bitte, wenn dieser Lackaffe wieder mit seinem neuen Designer-Anzug und dazu noch der neuen Blondine in dem neuen Sportwagen an Ihnen vorbeibraust, ob Ihr ungutes Gefühl im Magen nicht vielleicht einfach Ihren Wunsch nach genau diesen Dingen widerspiegelt.
Und wenn dem tatsächlich so ist, so überlegen Sie sich doch, wie sie dies alles ebenfalls bekommen können. Fragen Sie doch ganz einfach den Lackaffen. Vielleicht gibt es ja einen Trick bei der Sache.

Und sobald Sie die Spiegelfunktion erkannt haben, ist ihr ungutes Gefühl im Magen umgewandelt in ein "Kuck mal, da fährt einer einen Sportwagen wie ich ihn kriege. Toll, was!?".

Auf jeden Fall aber - und das ist das Entscheidende - werden Sie sich in solchen Situationen nicht mehr schlecht fühlen.

3. Das Vermeidungsverhalten

Dies ist der Rettungsanker für alle diejenigen, die "nie im Leben so sind wie der da" und "schon gar nicht so sein wollen".

Sie wollen unter allen Umständen **vermeiden, genau dieses Verhalten an den Tag zu legen**. So wollen Sie nie werden.

Aber wie ist denn das mit dem Vermeiden?
Fragen Sie doch einmal einen Nichtraucher (im Idealfall also sich selbst), ob er vermeiden muss zu rauchen. Er wird dies verneinen.

Ich muss eben nur immer dann etwas vermeiden, wenn ich die Anlage dazu besitze. Die Handlung muss innerlich angelegt sein, damit sie im Außen vermieden werden muss, im letzten Moment quasi abgebrochen, gestoppt.
Also auch hier liegt eine Anlage dazu in mir, und diese wird eben gespiegelt.

Sie merken schon: Es bleibt doch wieder bei jedem selbst hängen! So toll ist der Rettungsanker also gar nicht!

Die Lösung ergibt sich wie bei Punkt eins, wobei hier nicht das bereits auftretende Verhalten, sondern die innere Prägung hierzu angegangen werden sollte.

4. Die Erinnerung

Dieser vierte und letzte Punkt bringt uns etwas in die Verhaltensforschung.

Sie kennen vielleicht die Geschichte von dem Hund und dem Herrn namens PAWLOW:

Pawlow, ein russischer Physiologe und Anfang des 20. Jahrhunderts Nobelpreisträger für Medizin, untersuchte in seinem Labor bei einem Hund den Speichelflussreflex. Mit speziellen Sonden konnte er feststellen, dass jedesmal, wenn er dem Hund etwas zu essen hinstellte, diesem förmlich "das Wasser im Maul zusammenlief". So weit nichts Besonderes.

*Nun ließ er aber jedesmal, wenn das Fressen kam, auch eine
Glocke läuten. Der Hund lernte also, dass Fressen und Glocke
in direktem Zusammenhang standen.*

*Und dieser Zusammenhang wurde für den Hund nun so fest,
dass ihm sogar dann das Wasser im Maul zusammenlief, wenn er
nur die Glocke hörte, also es gar kein Fressen gab.*

Die Wissenschaft nennt dies "bedingter Reflex" oder "klassische
Konditionierung".

Dass wir Menschen aber sehr häufig genau so konditioniert sind auf
bestimmte Auslöser, wird im täglichen Leben selten bedacht.

Dabei stört uns das Verhalten, die Stimme, die Gestik oder sonst
etwas an einem fremden Menschen oft nur deshalb, weil wir genau
dieses Verhalten mit einem ganz anderen Menschen verbinden, den
wir eben in negativer Erinnerung haben.

Im Grunde haben wir also nichts gegen diesen Menschen, den wir
gerade vor uns haben, sondern er erinnert uns lediglich an jemand
anderen.

Kein Grund also, sich über ihn aufzuregen. Er kann ja nichts dafür,
dass er die gleiche Nasenform hat wie der Onkel von mir, der mich
als Kind immer fürchterlich verdroschen hat.

Da aber auch die Probleme, die wir damals mit diesen Menschen
hatten, natürlich nur wegen einem der ersten drei Punkte entstanden
ist, ist die Erinnerung nur eine **zeitlich versetzte Form** des Spiegels.

Zusammenfassend können wir also festhalten:

**Alles was uns an anderen Menschen auffällt, hat ursächlich
nichts mit diesen Menschen zu tun, sondern mit unserer
Einstellung.**

Sie spiegeln uns immer nur unsere unterbewussten Prägungen wider, weil wir

*	selbst so sind,
*	selbst gerne so wären,
*	nie so sein wollen (aber die Anlage dazu haben)
	oder weil
*	sie uns an andere erinnern.

Wenn wir uns ganz konsequent an diesen Spiegel halten, dann haben wir mit jedem Menschen ein gutes Auskommen.

Das heißt nicht, dass wir jeden zum dicken Freund haben müssen, aber zumindest haben wir keine negativen Gefühle mehr.
(Und Sie wissen ja, dass negative Gefühle zu negativen Mustern führen!)

Wenn Sie also in Zukunft irgend etwas an einem anderen stört und Sie ihm vielleicht gerade eine entsprechende Bemerkung an den Kopf werfen wollen, dann überlegen Sie kurz: "Wie war das mit dem Spiegel?"
Sie meinen ja im Grunde nicht ihn, sondern sich selbst.
Also können Sie sich die Bemerkung auch sparen. Und Sie können zu einem normalen Umgang übergehen.

Wenn dagegen zu Ihnen jemand eine solche Bemerkung loslässt, so können Sie sich ebenfalls an den Spiegel erinnern und bei sich denken: "Schön, dass ich dir gerade als Spiegel dienen durfte. Aber ich weiß, du meinst im Grunde nicht mich, sondern dich selbst."
Und auch hier kann der sonst unvermeidliche Streit und Ärger ausbleiben.

Überlegen Sie einmal: Wenn Sie morgens in Ihr Bad kommen und Sie sehen im Spiegel ein schrecklich ungekämmtes Etwas, wen kämmen Sie denn dann?

Sich selbst oder das Spiegelbild?

Sehen Sie! Im Alltag aber wollen wir immer nur das Spiegelbild verändern. Und das funktioniert natürlich genau so wenig wie morgens im Bad.

In Unwissenheit dieser Dinge laufen viele Menschen durchs Leben und **zerschlagen** die Spiegel, in die sie gerade sehen.

Dieses Zerschlagen nennt man im Leben nur anders. Hier heißt es: **Trennung, Scheidung, Kündigung, Umzug** oder was auch sonst mit äußerer Veränderung zu tun hat.

Wer sich von seinem Partner trennt, ohne den Spiegel erkannt zu haben, wird zwangsläufig beim nächsten Mal die gleichen Probleme wiederfinden.

Sie kennen doch sicher auch Menschen, die immer wieder die gleiche Art von Partner, Chef, Kollegen oder Nachbarn haben.

Logisch! Wenn ich im Bad den Spiegel zerschlage, weil mir der im Spiegel nicht gefällt, werde ich dennoch beim nächsten Spiegel den gleichen Menschen wieder sehen.

Ich will damit nicht sagen, dass man jede Beziehung, jeden Job auf immer und ewig behalten soll.

Eine Änderung ist aber nur dann sinnvoll, wenn ich gelernt habe, was der andere mir widerspiegelt. Sonst tappe ich genau wieder in die gleiche Falle.
Und wenn ich es gelernt habe, wenn ich mich, meine Prägungen, meine Überzeugungen verändert habe, dann ist eine Trennung oft nicht mehr notwendig.

Beginnen Sie also bei sich. Verändern Sie Ihre Muster, Ihr Verhalten, und die Welt wird sich verändern.

"Wenn Du die Welt verändern willst, musst Du Dich selbst verändern."

Da das eindeutige Erkennen des Spiegels mitunter etwas genaueres Hinsehen erfordert, möchte ich ein Beispiel aus meiner Praxis erzählen:

Ein Seminarteilnehmer, Paul, hatte sich nach langen Überlegungen bezüglich des Spiegels an mich gewandt, weil er der Meinung war, dass er einen konkreten Punkt hätte, bei dem dieses Modell nun wirklich nicht passe.

Die Sachlage war folgende: Paul war Mitglied einer recht großen Familie, die sich regelmäßig zu irgendwelchen Feierlichkeiten traf. Die ansonsten sehr gute Harmonie wurde lediglich immer wieder durch ein männliches Familienmitglied gestört. Der Mann war Raucher und wollte auch bei diesen Treffen nicht darauf verzichten, obwohl Paul gerade erst Nachwuchs bekommen hatte und das kleine Baby eben auch von den Nikotinschwaden betroffen war. Wegen dieser Konstellation gab es also regelmäßig den dicksten Ärger und ebenso regelmäßig endeten die Feiern im Streit.

Paul fragte mich also - fast schon etwas verärgert - wo denn da nun der Spiegel sei. Erstens würde er selbst nicht rauchen, zweitens wollte er es nicht tun, drittens müsste er es auch nicht vermeiden, hätte als Nichtraucher auch keine Veranlagung dazu und viertens hätte er so etwas noch nie erlebt, es könnte also auch keine Erinnerung sein.
Hier ging der Ärger - wie so oft - nicht um das eigentliche Thema, das Rauchen, sondern offensichtlich um etwas ganz anderes.

*Also fragte ich ihn, was ihn denn **wirklich** an der ganzen Geschichte so ärgern würde. Und Paul erkannte sehr schnell, dass es die Rücksichtslosigkeit dieses Mannes war. Ohne sich um die anderen zu kümmern, tat er einfach, was er wollte.*

Also hatten wir einen neuen Anhaltspunkt für den Spiegel gefunden und gingen nun die einzelnen Punkte durch.

War Paul selbst rücksichtslos? Nein, gewiss nicht.

Wollte er manchmal etwas rücksichtsloser sein? Und da machte es "klick" bei ihm. Paul war ein Mensch, der seine eigenen Bedürfnisse und Wünsche immer hinten an stellte. Immer nahm er Rücksicht, kümmerte sich um jeden, nur nicht um sich selbst.

Also empfahl ich ihm, in Zukunft etwas mehr seine eigenen Interessen in den Vordergrund zu stellen, sich selbst wichtiger zu nehmen. Das Ganze natürlich in kleinen Schritten, aber er sollte es konsequent tun.
Mit dieser Empfehlung trennten wir uns.

Nach einigen Monaten traf ich ihn wieder und er erzählte mir den Ausgang der Geschichte.

Nachdem er erkannt hatte, dass der Ärger über den Verwandten im Grunde Neid war, nachdem er selbst begonnen hatte, eigene Wünsche zu realisieren, hatte er plötzlich eine andere Einstellung dem Raucher gegenüber. Und durch diese neue Einstellung konnte er nun ganz anders auf ihn zugehen. Was bisher immer als Angriff und Beschuldigung ablief, wurde nun zu einem normalen Gespräch. Paul erzählte, wie er in ruhigen Worten dem anderen seine Einstellung zum Rauchen erklärte, gerade in Bezug auf sein kleines Kind, und wie durch dieses offene, harmonische Gespräch der Raucher plötzlich bereit war, in Zukunft draußen vor der Tür zu rauchen.
Bisher dachte dieser gar nicht daran, dies zu tun, wurde er doch nur angegriffen.

Sie sehen, der Spiegel funktioniert immer, auch wenn wir vielleicht etwas danach "graben" müssen.

Der gleiche Spiegel ist natürlich nun auch bei **Situationen** jedweder Art anwendbar.

Durch die gefilterte Wahrnehmung werden uns auch nur die Situationen auffallen bzw. besonders ansprechen, die unseren inneren Prägungen entsprechen. Wir werden uns immer genau die Ereignisse herauspicken, die unsere inneren Überzeugungen bestätigen.
Also auch hier ist das, was wir um uns herum wahrnehmen - was ja nicht identisch ist mit dem, was um uns herum geschieht - ein Spiegel für uns.

Wenn wir also auf Situationen stoßen, die uns so gar nicht gefallen, so müssen wir uns eingestehen, dass es an uns selbst liegt, ob und wie wir diese Situationen wahrnehmen.

Bei positiven Erlebnissen sind wir in der Regel schnell bei der Hand mit dem Eingeständnis der Eigenverantwortlichkeit.
Aber interessant und wichtig wird es halt bei den Dingen, die uns nicht gefallen. Hier nämlich liegt unser Entwicklungspotential.

Also auch hier liegt die Chance darin, aus der äußeren Welt auf die inneren Prägungen zu schließen und entsprechend an dem "Innen" zu arbeiten, um in Zukunft im "Außen" bessere Ergebnisse zu erzielen.

Hierzu aber im nächsten Kapitel gleich mehr.

Auslöser und Symptome
liegen im Außen,
im Materiellen.

Ursachen liegen immer im
Innen, im Geistig-Seelischen.

Probleme

Was haben wir nicht alles für Probleme!?

Probleme mit unserem Chef, mit dem Partner, mit den Kindern, mit dem Nachbarn (dem Komischen!), mit dem Geld, mit der Gesundheit, mit der Figur, oder einfach mit uns selbst.
Ich glaube, würde man alle Probleme nacheinander auflisten, so könnte man leicht ein Buch füllen, das an Dicke dem Telefonbuch von New York gleichen würde.

Würde man dagegen die **Ursachen** für Probleme auflisten, so käme man mit sehr viel weniger Platz aus. Und Sie kennen auch schon die Hauptursache für alle unsere Probleme: unsere eigenen Gedanken! Wenn wir im vorigen Kapitel sagten, dass die anderen Menschen und auch die Situationen, die wir erleben, im Grunde nur der Spiegel für uns selbst, für unsere inneren Überzeugungen, also Prägungen sind, dann ist klar, dass natürlich auch unsere Probleme nichts anderes darstellen. Und diese Prägungen - so haben wir gesehen - resultieren aus unseren Gedanken.

Probleme sind äußere Zeichen, dass in unserem Unterbewusstsein noch Prägungen vorhanden sind, die nicht das beinhalten, was wir mit unserem Bewusstsein gerne möchten. Es sind also Hinweise darauf, dass es da noch Dinge gibt, die etwas verbesserbar sind. Und wenn wir sie verbessern, werden sich unsere Lebensumstände verbessern!

Also sind Probleme - genau betrachtet - etwas sehr Positives!

Nicht umsonst heißen sie ja auch **"Pro"-bleme** und **nicht "Kontra"-bleme**. "Pro"-bleme sind also "für" etwas, nicht "gegen" etwas, und schon gar nicht gegen uns selbst. Sie sind vielmehr für uns selbst. Sie sind dafür, dass wir uns ständig verbessern, dass wir lernen und uns weiterentwickeln.

Mit der Entlassung aus der Schule, der Lehre oder der Universtät hört das Lernen nicht auf. Viele meinen vielleicht, dass Sie mit spätestens 30 Jahren fertig seien, dass sie ihren Beruf "drauf" haben, Familie und Besitz ist langsam in die richtigen Bahnen gekommen, also Volldampf auf die Rente!
Aber das Leben sorgt schon dafür, dass auch diese Menschen nicht mit dem Lernen aufhören. Eben indem es ihnen - ganz nett gemeinte - Probleme schickt.

Das Unglückliche am Lernen ist ja, dass wir bereits in der Schule mitbekommen, dass dieses Lernen nur über **Leid** funktioniert. Anstatt einen Fehler als eine Aufforderung zu sehen, etwas zu ändern, wird er statt dessen mit einer schlechten Note bestraft.

Stellen Sie sich vor, wie weit unsere Wissenschaft wohl wäre, wenn auch dort jeder Fehler bestraft würde. Dort ist es eher so, dass man dann eben herausgefunden hat, wie etwas nicht geht, und dann einfach auf anderen Wegen weiter sucht.

Edison hat bei der Entwicklung der Glühbirne über 10.000 Fehler gemacht. Hätte er nach einigen Versuchen angesichts "so großer Probleme" aufgegeben, wie es die meisten von uns vielleicht getan hätten, müssten Sie dieses Buch am Abend bei Kerzenlicht lesen. (Was zugegebenermaßen auch sehr romantisch sein kann, aber eben kann, und nicht muss.)

Durch diese falsche Programmierung nun, dass Fehler etwas Schlechtes sind, trauen sich viele schon gar nicht mehr, überhaupt etwas Neues anzupacken. Man könnte ja einen Fehler machen und scheitern. Man könnte ja Probleme bekommen.

Aber - wie schon erwähnt - wir kommen gar nicht drumherum zu lernen.

Und da die zweite Möglichkeit zum Lernen - neben dem Leid - die **Freiwilligkeit** ist, können wir uns auch frei entscheiden, Dinge zu lernen.

Und was wir (freiwillig) lernen sollen, sehen wir tagtäglich in unserem Leben. Dieses spiegelt ja nur unsere inneren Muster wieder, und da liegt genügend Potenzial zur Veränderung.

Wenn wir also unser Leben als Spiegel akzeptieren, die äußeren Umstände als Signale erkennen, um uns selbst zu verändern, dann lernen wir freiwillig.
Missachten wir aber diese Signale, sehen wir die Dinge als "rein zufällig" und dass das "schon gar nichts mit mir zu tun hat", dann werden die Signale eben immer deutlicher, bis hin zu dem Punkt, an dem wir sie als Probleme bezeichnen.

Probleme sind also nichts anderes als verschleppte, nicht erkannte Signale zur eigenen Veränderung.

Und wenn die Probleme dann groß genug sind, kommen wir gar nicht mehr umhin, uns ihrer anzunehmen und sie zu lösen. Aber bitte zunächst in uns, sonst sind sie nämlich nicht wirklich gelöst und kommen halt wieder.

Nehmen wir als Beispiel einen Manager, dessen Lernaufgabe es vielleicht ist, etwas mehr auf seinen Körper zu achten, seinem Körper mehr Ruhe zu gönnen.
Sein Verhalten läuft nun aber in die andere Richtung. Er ist der Meinung, dass man für seine Karriere alles geben muss, dass Geld und äußere Statussymbole am Wichtigsten seien.
Jetzt erhält er also Signale aus seinem Umfeld, natürlich als Spiegel für das innere Programm "Ruhe".
Das erste Signal ist vielleicht eine Sendung im Fernsehen, bei der ihm die immense Arbeitsleistung eines Politikers auffällt. Wie kann ein Mensch nur so viel arbeiten ohne krank zu werden?
Das zweite Signal ist sein Nachbar, der am Steuer seines Wagens eingeschlafen ist und einen - Gott sei Dank - glimpflichen Unfall verursacht hat. Der Nachbar ist zwar schon näher wie der Politiker, aber noch immer hat das alles nichts mit ihm zu tun.

Als Drittes kommt seine Frau ins Spiel. Diese nun sagt ihm klipp und klar, dass er zu viel arbeitet und dass er etwas auf seine Gesundheit achten sollte. Aber auch das erkennt er nicht als Signal und ignoriert es. "Frauen sind halt immer so ängstlich." Das vierte Signal ist dann schon etwas dicker. Ein guter Arbeitskollege, der eine ähnliche Arbeitsbelastung hat wie er, wird ernsthaft krank. Diagnose: zu viel Stress. Aber "es gibt halt Menschen, die für die harte Geschäftswelt nicht geschaffen sind". Also auch dies erkennt er nicht.

So könnte es nun immer weiter gehen bis zu dem Punkt, an dem er selbst einen Herzinfarkt erleidet. Jetzt hat er ein echtes Problem. Aber dieses Problem lässt ihm keine Wahlmöglichkeit mehr, wie er denn seine Lektion lernen soll. Jetzt liegt er im Krankenhaus, jetzt hat er Ruhe, jetzt achtet er auf seinen Körper.

(Leider gibt es aber auch immer wieder Menschen, die selbst so starke Signale nicht erkennen, und dann irgendwann "ganz zufällig" am dritten Herzinfarkt sterben.)

Hätte unser Manager früh genug erkannt, dass die einzelnen "zufälligen" Ereignisse im Grunde nur der Spiegel für ihn selbst waren, hätte er sich die wirklich dicken Probleme ersparen können. Hätte er freiwillig gelernt, hätte er sich das Leid ersparen können.

Überdenken Sie doch einmal Ihr eigenes Leben. Nehmen Sie sich ein größeres Problem und überlegen Sie, welches Grundmuster, welche Prägung dahinter stehen könnte. Welche psychische Ursache könnte dahinter stecken?

Und jetzt gehen Sie einmal zurück und überlegen Sie, welche Dinge Ihnen alle passiert sind, bevor Sie dieses Problem hatten und die in genau die gleiche Richtung zeigten.

Ich bin sicher, wenn Sie offen hierfür sind, werden Sie eine ganze Reihe von Situationen finden, die bereits Signale waren, die Sie aber ganz offensichtlich (sonst wäre das Problem nicht mehr aufgetreten) nicht als solche erkannt haben.

"Was will es mir sagen?"

Wenn sie sich mehr und mehr diese Frage stellen, wenn Ihnen außergewöhnliche Dinge passieren, werden Sie freiwillig lernen. Aber auch wenn sie tatsächliche Probleme haben, werden Sie diese als Aufforderung zum Lernen sehen und sich nicht mehr als Opfer der Umstände fühlen.

Probleme sind "für" etwas, für die richtige Richtung nämlich.

Immer wenn wir gegen unsere Natur handeln, wenn wir unsere eigentlichen Fähigkeiten und Begabungen missachten, wenn wir gegen uns selbst handeln, werden wir Probleme bekommen.
Aber das Tolle daran ist: jeder, der gemäß seiner Natur handelt, jeder, der seine Fähigkeiten und Begabungen nutzt, jeder, der für sich handelt, führt ein erfolgreiches und glückliches Leben.

Probleme sind also Hinweise darauf, wie wir ein besseres Leben führen können, wie wir erfolgreicher und glücklicher sein können. **Probleme sind Wegweiser, die uns die richtige Richtung zeigen.**

Seien Sie deshalb nicht gegen Ihre Probleme, kämpfen Sie nicht gegen sie. Seien Sie vielleicht sogar ein bisschen dankbar, wenn Sie wieder mal ein kleines Problem haben. Sie haben somit die Chance, Ihre Verursacherrolle darin zu erkennen und einen wesentlichen Schritt hin zu mehr Zufriedenheit und Glück zu gehen.

Ereignisse,
bei denen der Mensch
den Zusammenhang
zwischen Ursache
und Wirkung nicht erkennt,
nennt er
Zufall.

Der Zufall

Aus dem oben gesagten können wir also zweifelsfrei schließen, dass es den Zufall als solches, wie wir ihn kennen, nicht gibt.

Zufall ist das, was uns zufällt. Nicht mehr und nicht weniger.

Alle Wirkungen gründen auf eine Ursache. Und diese Ursache legen - was uns betrifft - in jedem Fall wir selbst.

Aus dem Biologie-Unterricht ist mir immer noch ein Beispiel über die Wirtstiere in Erinnerung, das mich heute noch zutiefst beeindruckt:

Wirtstiere sind, wie Sie vielleicht wissen, Lebewesen, die von anderen Organismen (auch Schmarotzer genannt) als Lebens-raum genutzt werden.
Nun gibt es auch Schmarotzer, die im Laufe ihres Lebens oder auch ihrer Entwicklung mehrere solcher Wirtstiere "bewohnen".

*So zum Beispiel der **"kleine Leberegel", ein mikroskopisch kleines Tier**.*

Dessen Entwicklung sieht folgendermaßen aus:
Der kleine Leberegel lebt im Darm des Schafes. Die Eier, die er legt, können sich nun aber nicht im Schaf entwickeln, sondern müssen auf eine abenteuerliche Reise.
Zunächst werden sie über den Kot ausgeschieden. Der nächste Wirt, den sie zu ihrer Entwicklung brauchen, ist eine Land-schnecke, die die Eier frisst.
Hier nun schlüpft die erste Generation des Leberegels und entwickelt sich auch zur zweiten Generation, die ganz anders aussieht (es findet ein sogenannter "Gestaltwechsel" statt).

Nun muss aber diese 2. Generation, um sich endgültig in einen "fertigen" Leberegel verwandeln zu können, wieder zurück ins Schaf.

Diese 2. Generation wird nun von der Schnecke also wieder ausgeschieden und nun aber von Ameisen gefressen.

Dort wandern die Organismen in die Leibeshöhle und eine einzige in das sogenannte Unterschlundganglion.

Dies veranlasst die Ameise, durch die Anregung der Mundwerkzeuge, am nächsten Grashalm, den sie finden kann, nach oben zu krabbeln und sich dort festzubeißen.

Sie erleidet einen Krampf der Mundwerkzeuge und kann sich nicht mehr lösen.

Durch diese exponierte Stellung nun können die Ameisen sehr leicht von den Schafen bei ihrer normalen Nahrungsaufnahme mitgefressen werden.

Der kleine Leberegel ist also wieder dort, wo er hingehört. Er entwickelt sich hier nun weiter zu seiner endgültigen Form, er wird also erwachsen, legt selbst Eier, und das Spiel beginnt wieder von vorne.

Wenn Sie das nächste Mal eine Ameise auf einen Grashalm klettern sehen, würden Sie das vor diesem Hintergrund noch als Zufall betrachten?

Also nochmals: **es gibt keinen Zufall!**

Würde es den Zufall als das, was man gemeinhin darunter versteht, wirklich geben, dann gäbe es mit Sicherheit unsere gesamte Welt nicht mehr.

Der gesamte Kosmos läuft mit einer solchen Präzision ab, wie es sich kein Mensch ausdenken könnte.

Versuchen Sie nur mal einen Tag, die Abläufe in Ihrer Familie zum Beispiel dem Zufall zu überlassen:

Falls der Mann zufällig von der Arbeit nach Hause kommt und seine ihm zufällig angetraute Ehefrau ihm zufällig das Essen gekocht hat, dann kann er zufällig essen. Vorausgesetzt, dass zufällig auch Messer und Gabel vorhanden sind, sonst könnte er sich zufällig ganz schön die Finger verbrennen.

Absurd, nicht wahr?

Wir sollten uns hüten, bestimmte Vorkommnisse als Zufall abzutun, nur weil wir nicht in der Lage sind, den Zusammenhang zu verstehen.

Alles was passiert, ist geplant!
Es geschieht nichts aus Zufall.
Kein Treffen zweier Menschen, keine Verspätung, kein Verkehrsunfall, alles ist Teil eines großen Planes.

Und diesen Plan gestalten wir Menschen, durch die Anwendung der hier beschriebenen psychischen Grundlagen, durch die Art unserer Gedanken und somit den Prägungen im Unterbewusstsein.

**Eigenverantwortung
bringt eine
große Bürde,
aber auch
die Chance
der freien
Steuerbarkeit.**

Absolute Eigenverantwortlichkeit

Was meinen Sie wohl: wieviele Gedanken können wir in einem Moment bewusst denken?
Fünf, zehn, hundert, tausend?

Sicher gehen uns oft hunderte von Gedanken durch den Kopf! Aber wenn Sie genau überlegen, dann werden Sie feststellen, dass diese "hundert Gedanken" nicht in einem Moment, sondern immer nur hintereinander, einer nach dem anderen kommen. Die Abstände zwischen den einzelnen Gedanken betragen mitunter nur Bruchteile von Sekunden, sodass wir meinen könnten, sie kämen alle auf einmal. Aber wir können immer **nur einen Gedanken in einem Moment denken!**

Und wer entscheidet, was wir denken?
Unser Umfeld, die Werbung, unser Partner, unsere Eltern?
Sicher haben wir bestimmte Veranlagungen durch unsere Erziehung oder unsere Mitmenschen, aber letztendlich entscheidet jeder selbst, was er denkt. Sogar eine massive körperliche Bedrohung kann Sie nicht dazu bringen, etwas Bestimmtes zu denken. **Wir entscheiden,** jeder für sich, **was wir denken!** Wir alleine sind für unsere Gedanken verantwortlich!

Und wenn wir nun wissen, dass wir immer nur einen Gedanken auf einmal denken können, und wenn nur wir alleine verantwortlich sind für die Inhalte unserer Gedanken, und wenn wir darüberhinaus erfahren haben, dass unsere Gedanken verantwortlich sind für unser Leben: wer entscheidet dann über unser Leben. **Wer ist verantwortlich für uns?**

Genau! **Wir selbst**, ganz alleine!

Übernehmen wir also die Verantwortung für alles, was uns betrifft. Wir schaffen ja schließlich unsere Welt selbst, wer sollte also sonst dafür verantwortlich sein.

"Jeder bekommt das, was er verdient. Aber nur der Erfolgreiche gibt es zu."

Noch einmal:
Wie oft erzählen wir, was **wir** alles erreicht haben, aber auch, was uns nicht gelungen ist und wer **anderes** daran schuld ist.

Wer anderen Personen oder Umständen Macht über das eigene Leben zugesteht, wird immer in der Erwartung leben, dass der eigene Plan wieder und wieder durchkreuzt wird.

Erst wenn wir in vollem Umfang die Verantwortung für all das übernehmen, was uns heute umgibt, erst dann haben wir die Chance unsere Zukunft auch voll eigenverantwortlich so zu gestalten, wie wir sie haben wollen.
Solange wir mit dem Finger auf andere zeigen und denen die Schuld zuweisen, solange müssen wir auch warten, bis diese anderen irgendetwas ändern, damit es uns besser geht.
Und darauf müssen wir mitunter lange warten!

Mit dem Wissen und dem Verständnis dieser psychischen Grundlagen haben wir sozusagen den schwarzen Peter gezogen. Ich denke jedoch, dass es eher ein weißer Peter ist, ein Joker auf unserem Weg zu Glück, Gesundheit, Harmonie, Liebe, Erfolg, Reichtum und was wir uns sonst noch alles wünschen können.

Geben und Nehmen

Sie kennen sicher den Spruch **"Wie man in den Wald hineinruft, so schallt es zurück"**.

Und sicher haben Sie in Ihrem Leben häufig die Erfahrung gemacht, dass da wohl etwas dran sein muss.
Vielleicht wurde diese Erfahrung auch noch von verschiedenen Seiten bestätigt, dass dies tatsächlich so sei, dass "alles irgend wie wieder auf einen selbst zurückkommt". Ja vielleicht haben Sie ja auch in der Bibel gelesen, dass wir immer "das ernten, was wir zuvor gesät haben".

Und wenn Sie sich die Ausführungen weiter vorne nochmals vergegenwärtigen, dann werden Sie auch feststellen, dass es gar nicht anders sein kann!

Erinnern wir uns:

Alles was wir denken - und somit auch sagen, tun und wahrnehmen - wird im Unterbewusstsein gespeichert. Alles was wir oft genug und/oder mit viel Gefühl denken, führt zu einer Prägung, einem Automatismus. Und folglich werden wir uns automatisch gemäß der neuen Prägung verhalten, wahrnehmen, auswählen und ausgewählt werden.

Wenn wir uns also häufig auf eine ganz bestimmte Art und Weise verhalten, wird dieses Verhalten zwangsläufig auch dazu führen, dass wir Leute mit gleichen Prägungen geradezu anziehen - unterbewusst, versteht sich. Und hierbei ist es egal, ob der andere sich genauso verhält wie wir, oder ob er einfach nur das Gegenstück dazu ist.

Ein Beispiel:

Peter (17) ist in einem Elternhaus großgeworden, in dem er sehr viel Gewalt erlebt hat, psychische, aber mehr noch physische Gewalt in Form von Schlägen. Durch diese Erlebnisse - häufig und sicherlich mit sehr viel Gefühl - wurde das Thema körperliche Gewalt bei ihm zu einer Prägung. Dies führte nun dazu, dass er heute versucht, seine Probleme automatisch zunächst mit Gewalt zu lösen. Dass dieses Verhalten natürlich auf Gegengewalt in seiner Umwelt stößt (die andern schlagen halt zurück), ist der eine Punkt.

Zum anderen wird er sich aber gemäß seiner Prägungen auch immer den Freundeskreis suchen, der ähnlich programmiert ist. (Wir kennen dies auch unter der Bezeichnung "Milieu"). Er wird aber durch seinen Kontakt mit anderen gewalttätigen Jugendlichen sehr viel mehr mit Gewalt in Kontakt kommen, als dies in einer friedfertigen Gruppe der Fall wäre. Durch diese Tatsache wird er natürlich seine Prägung zum Thema Gewalt immer mehr verstärken. Sie sehen, ein Teufelskreis!

Es kommt aber noch ein weiterer Punkt hinzu: Durch seine Prägung auf Gewalt ist er aber auch ein potenzielles Opfer. Sie erinnern sich an die Ausführungen im Kapitel zur gefilterten Wahrnehmung. Ein Täter wird sich denjenigen zum Opfer aussuchen, der ebenfalls eine Prägung auf Gewalt vorweist. Entweder, weil er vielleicht Angst vor Gewalt hat (also eher passiv), oder aber, wie bei Peter, dass er selbst gewalttätig ist (also aktiv). Auch dieses Erleiden von Gewalt bestätigt und verstärkt seine Prägung. Auch hier wieder der Teufelskreis.

Sie sehen, es kommt alles wieder.

Dieses Beispiel von körperlicher Gewalt ist sicherlich für viele einleuchtend. Klar, wer schlägt, der wird geschlagen.

Weniger deutlich, aber genauso wirksam, funktioniert dieses Prinzip natürlich bei allen anderen Verhaltensweisen.

Nehmen wir das Beispiel Diebstahl. Wer ärgert sich nicht darüber, wenn einem die Brieftasche gestohlen wird?
Aber auch hier gilt das gleiche. Es kommt alles zurück.

(Zum Trost für Sie können Sie sich also vorstellen, dass dem Dieb auch demnächst etwas gestohlen wird!
Da dies allerdings wenig hilfreich ist in diesem Moment, denken Sie doch einmal in die andere Richtung.)

Wenn Sie also bestohlen wurden, und wenn es für alles eine Ursache gibt, wenn alles wieder zum Verursacher zurückkommt, dann fragen Sie sich doch einmal: Wann haben Sie das letzte Mal gestohlen?
Wer von Ihnen jetzt wirklich einmal bestohlen wurde und sich als ehrlichen Menschen empfindet, der wird jetzt - zumindest innerlich - laut aufschreien!

Aber überlegen Sie doch einmal: Man kann auch jemandem die Zeit stehlen. Oder der zum Volkssport gewordene Versicherungsbetrug. Haben Sie vielleicht beim letzten Haftpflichtschaden etwas gemogelt? Oder gehören Sie zu den Leuten, die falsch herausgegebenes Geld - zu Ihren Gunsten, versteht sich - an der Supermarktkasse locker einstecken. Es gibt viele Möglichkeiten, wie man sich - ohne es zu merken - auf Diebstahl programmieren kann.

Wenn wir alle damit beginnen, dieses Verursacherprinzip anzuerkennen, kann unsere Welt ehrlicher und friedlicher werden. Und das Beruhigende daran ist, dass wir diese "guten Taten" eigentlich nicht den anderen zu Liebe tun, sondern für uns selbst. Wir verhalten uns ehrlich, damit auch wir ehrlich behandelt werden. Jeder Betrug, jede Lüge, jedes lieblose Verhalten ist ein Eigentor. Es kommt alles wieder!

Jetzt kennen Sie aber vielleicht einen erfolgreichen Geschäftsmann, der nur über Betrug zu seinem Reichtum gekommen ist.

Und dessen Geschäfte laufen hervorragend. Wo kommt es denn da zurück!?

Nun, sicher werden wir eine Untat von heute nicht unbedingt schon morgen wieder erleiden müssen. Das dauert mitunter schon etwas.

Aber in einem solchen Fall sollten Sie einmal hinter die Kulissen schauen. Betrachten Sie zum Beispiel das Privatleben dieses Geschäftsmannes etwas genauer, seine Partnerschaft, seine Familiensituation oder aber auch seine Gesundheit. Ich bin sicher, dass Sie bei genauer Betrachtung ganz schnell feststellen, wo er es zurückbekommt.

"Wir bekommen alles wieder, nur häufig nicht von dem, dem wir geborgt haben."

Die psychische Grundlagen erfüllen sich immer. Häufig ist es - zugegebener Maßen - nicht ganz offensichtlich, wo denn nun die Ursache wohl liegen soll. Aber glauben Sie mir, sie ist da und Sie haben Sie gesetzt.

Aber das ist kein Vorwurf, keine Schuldzuweisung. Es geht lediglich um das Erkennen von Ursache und Wirkung. Wenn ich mir im Klaren bin darüber, dass ich alle Dinge um mich herum verursache - direkt oder indirekt - dann habe ich plötzlich ganz andere Möglichkeiten im Leben.

Ich kann es mir sparen, mich über jemanden aufzuregen, der mir irgend etwas angetan hat. Ich kann mich vielmehr fragen: wodurch habe ich es verursacht. Und wenn ich es gefunden habe, dann verändere ich eben diese geistige Einstellung, dieses Verhalten und ich habe somit die Ursache behoben.

Wenn ich immer nur mit dem Finger auf die anderen, die Bösen zeige und nicht meine Prägung, die das Ganze mit verursacht hat, ändere, wird es mir wieder und wieder passieren.

Und das kennen wir alle, dass uns mitunter immer wieder die gleichen Dinge passieren.

Ein Beispiel:

Ein Seminarteilnehmer, Klaus , hatte folgendes Problem. Inner- halb von zwei Wochen hatte er drei Auffahrunfälle. Aber, und das war das Kuriose, er hatte nicht einen davon selbst verschul- det. Immer ist ihm ein anderer Autofahrer hinten raufgefahren. Schicksal? Pech? Oder einfach Zufall?

Nun, er war offen genug, keines davon anzunehmen. Also setzten wir uns zusammen und überlegten, "was es ihm wohl sagen könnte".

Ein Auffahrunfall ist ein recht kräftiger Anschub von hinten. Wäre er in diesen Situationen selbst schneller gefahren (einmal ganz davon abgesehen, ob ihm dies möglich gewesen wäre), wäre es vermutlich nicht zu dem Unfall gekommen. Also fragte ich ihn: "Gibt es in Deinem Leben zur Zeit Situationen, in denen Du nicht recht voran kommst, in denen Du immer wieder von außen angeschoben werden musst?"

Eine knappe Zehntelsekunde später kam schon die Antwort: "Oooohhhh, ja!"

Es stellte sich heraus, dass er beruflich (apropos Beruf - es war ein Firmenfahrzeug!) in einer Sackgasse steckte und nicht recht bereit war, eine konkrete Entscheidung zu treffen, obwohl er von Seiten seiner Frau immer wieder hierzu angestoßen wurde. Er erkannte, dass seine Unfälle einfach nur die Folge seiner Unentschlossenheit war, ein Zeichen, dass er einen Anschub brauchte.

Den gab er sich dann aber selbst, indem er innerhalb eines Tages eine definitive Entscheidung traf, zum Wohle seines beruflichen Weiterkommens, zum Wohle seiner Familie und nicht zuletzt zum Wohle seiner Unfallstatistik. Seit diesem Zeitpunkt - und das ist immerhin 5 Jahre her - fährt er unfallfrei.

Einen weiteren Punkt, der zu diesem Thema interessant ist, ist das **"Geben und Nehmen"**.

Sie kennen sicherlich den Spruch, dass Geben seliger wäre als Nehmen. Oft wird er jedoch missbraucht, auch aus Unkenntnis des tatsächlichen Hintergrundes.

Sie wissen: wir bekommen alles wieder.

Wenn Sie nun zu den Menschen gehören sollten, die - in Europa sicherlich (noch!) in der Überzahl - lieber nehmen als geben, dann haben Sie zwangsläufig eine Prägung "Nehmen". Sie werden also gemäß Ihrer Wellenlänge auch schwerpunktmäßig Menschen anziehen, die nehmen. Logisch!
Sie finden also gar keinen (oder eben nur wenige), die geben! Also können Sie auch gar nicht so viel nehmen, wie Sie vielleicht möchten!

Im Extrem wird es noch deutlicher: wenn alle nur nehmen, ist gar keiner da, der gibt. Und wenn keiner gibt, dann müssen wir es uns eben so holen. Und das nennt man dann Diebstahl. Aber auch der kommt ja bekanntermaßen zurück. Bingo!

Wenn Sie also etwas bekommen wollen, dann müssen Sie einfach anfangen, zu geben. Und je mehr Leute geben, desto mehr werden auch etwas bekommen.

Auch hier wieder im Extrem: wenn jeder gibt, bekommt auch jeder. Zwangsläufig.

Sie sehen, Geben ist tatsächlich seliger denn Nehmen. Geben ist die Voraussetzung, um überhaupt nehmen zu können.

Aber Vorsicht! Es gibt nun ganz Raffinierte, die wollen das für sich ausnutzen. Sie sagen sich: "Um zu bekommen, muss ich also vorher geben." Also geben sie.

Aber das ist nicht gemeint mit Geben. Das ist Investieren. Sie geben ja nicht wirklich, sie sind ja im Hinterkopf schon wieder beim Nehmen. Sie denken immer nur ans Wiederbekommen.

Geben ist aus freien Stücken geben. Geben ist ohne Erwartungen geben. Geben ist geben dem anderen zu Liebe.

Und dann funktioniert das Prinzip.

Helfen Sie anderen aus reinem Herzen, und Ihnen wird geholfen werden!

Schenken Sie einem Freund freiwillig einen Teil Ihrer Zeit, und Sie werden beschenkt werden!

Ja, geben Sie Geld für Bedürftige, und Sie werden Geld wiederbekommen!
Gerade auch beim Geld wird deutlich, dass das Universum immer auf Wachstum ausgelegt ist. Wir erhalten immer mehr zurück, als wir gegeben haben. Toll, was?!

Dummerweise gilt das auch bei allem anderen. Bei Unfreundlichkeiten, Hass oder Gewalttätigkeiten.

Wir bekommen alles wieder.

Und noch ein Hinweis: erwarten Sie bitte nicht, dass Sie genau von dem wiederkriegen, dem Sie etwas gegeben haben.

Sehen Sie das gemeinsame Unterbewusstsein eher wie eine große Bank, die Lebensbank!

Und alles, was Sie auf diese Bank einzahlen, bekommen Sie wieder.
Und zwar mit Zins und Zinseszins.
Nicht unbedingt sofort, aber mit absoluter Sicherheit.

Achten Sie deshalb darauf, dass Sie bei all Ihren Vorhaben und Handlungen stets das **Wohl aller Beteiligten** im Sinn haben. Wenn auch nur einer dabei Schaden leidet, wird dieser Schaden auf Sie zurückfallen. Garantiert!

Willkommen im Club

Urlaubsszene, Strand, Sonne, Meer, Ferienclub.
Wer kennt sie nicht, ob nun aus eigener Anschauung und Erfahrung oder einfach aus dem Prospekt.

Pauschal im Preis für Unterkunft und Verpflegung sind auch eine Unmenge Aktivitäten mit enthalten.
Von früh morgens bis spät in die Nacht finden die tollsten Animationen statt, werden die waghalsigsten Sportarten kostenlos angeboten.
Jeder im Club hat die Möglichkeit, alles in Anspruch zu nehmen, was seinem Geschmack entspricht.
Und ein guter Club ist es sich schuldig, wirklich für jeden Geschmack etwas dabei zu haben.

Sicher wird nicht jeder Feriengast alle Angebote in Anspruch nehmen, man ist ja schließlich im Urlaub, aber möglich wäre es rein theoretisch schon. Bei Interesse, wohlgemerkt.

Und so trifft man sich denn am Abend an der Bar mit anderen Clubmitgliedern und tauscht die neu gemachten Erfahrungen aus. Der eine war heute tauchen. Toll war es, ganz phantastisch. Riesige Fischschwärme hat er durchkreuzt und sogar - was für ein "Zufall" - ein altes Schiffswrack entdeckt.
"Igitt", sagt seine Nachbarin, "wenn ich mir vorstelle, was dort unten alles für Viecher leben! Mich würdet Ihr dort nie hinunter kriegen!"
"Das macht mir gar nichts", sagt ein anderer, "ich glaube, das könnte mir sogar ganz gut gefallen. Ich werde also morgen auch zum Tauchen gehen".
Und so erzählt man, tauscht Erfahrungen aus, gibt Tipps und plant selbst für die nächsten Tage sein eigenes Programm.

Warum ich das erzähle?
Nun, in unserem Ferienclub hat jeder Gast die gleichen Möglichkeiten, jeder kann alles unternehmen und erleben, wenn er es will.
Und niemand käme auf die Idee, den, der da gerade vom Tauchen erzählt hat, darum zu beneiden. Warum auch, wenn ich selbst Interesse daran habe, dann kann ich es ja auch tun.

Nun aber zurück zu unserem eigentlichen Thema, den psychischen Grundlagen.
Alle Gesetzmäßigkeiten, die hier aufgezeigt werden, gelten ausnahmslos für alle Menschen.

Jeder von uns, egal welcher Abstammung, welcher Bildung oder welcher Beziehungen, ist diesen Gesetzen unterworfen bzw. kann sich ihrer bedienen.

Wenn wir die Gesetze beachten und sie richtig anwenden, dann hat jeder die gleichen Chancen.

Wir sind also auch hier im gleichen Club. Jeder kann das gleiche erleben, lernen, erreichen.

Diese Tatsache sollten wir uns ganz klar vor Augen halten: jeder hat die gleichen Chancen.

Und darum sollten wir nicht mit einem neidischen Blick auf diejenigen sehen, die genau das haben, was wir so gerne hätten. (Vorsicht: Spiegel!)

Warum der Neid?
Wir sind im gleichen Club!
Wenn der andere das hat, dann heißt es ja nur, dass es es gibt, und dann kann es jeder haben.
Wir müssen lediglich diese Gesetze anwenden, das, was der andere zuvor ja auch schon getan hat.

Auch die großartigsten Leistungen, die phantastischsten Einkommen, die größten Erfolge sind nur im Rahmen der Clubmitgliedschaft möglich. Und wir alle, also auch Sie, sind in diesem Club.

Sagen Sie also das nächste Mal, wenn Sie hören, dass Herr Soundso für das und das eine soundso große Summe erhalten hat, nicht wie üblich: "Ja, der! Der hat ja auch die und die Voraussetzungen, die ich nicht habe":

Vergessen Sie es! Wir sind alle im gleichen Club!

Sagen Sie vielmehr: "Das ist toll. Ich hätte nicht gedacht, dass das auch in unserem Club möglich ist!"

Und wenn Sie gerne das gleiche erreichen möchten, ja dann tun Sie es doch einfach.

Sie haben die Möglichkeit dazu!

Nehmen Sie sich die "Großen" als Vorbilder, die immer wieder die Angebotspalette des Clubs weiter erforschen und plötzlich merken, dass ja auch noch bisher unbekannte Dinge möglich sind.

Der Prospekt über unseren Club wird immer dicker und wir werden wahrscheinlich nie aufhören, neue Inhalte dazuzufügen.

Und jede neue Errungenschaft ist somit auch jedem anderen zugänglich. Was auch nur einer erreicht hat, ist im Grunde für alle machbar.

Der Zugriff ins gemeinsame Unterbewusstsein funktioniert von jedem Bewusstsein aus.

Wenn wir nur aufhören, uns selbst zu beschränken, uns klein zu machen, können wir alles erreichen was wir wollen.

Schauen Sie sich um in der Welt, betrachten Sie die "Großen" wie einen Club-Prospekt und lernen Sie aus ihnen .

Der Tellerwäscher, der zum Millionär wurde, ist im Grunde nur einer, der plötzlich seine Clubmitgliedschaft begriffen hat.

Er hat einfach einmal seinen Prospekt aufgeschlagen und hat die Möglichkeiten gesehen, hat sich an der Rezeption nach dem Weg erkundigt, ist morgens zeitig aufgestanden und hat sich auf den Weg gemacht. Wenn ihm der Weg ab und zu etwas lang vorkam und er schon Zweifel hatte, ob das Ziel denn überhaupt erreichbar wäre, dann hat er einfach nochmals seinen Prospekt zur Hand genommen und nachgelesen.

Er hat sich auch mit anderen Clubmitgliedern unterhalten, die den Weg schon gegangen sind und hat sich in den schillerndsten Farben das Ziel beschreiben lassen. Und er wusste genau, dass jeder im Club die gleichen Möglichkeiten hat, man muss halt nur den Weg gehen.

Und glauben Sie bitte nicht, dass in unserem Club, in dem alle gleich sind, die einen vielleicht "gleicher" sind als die anderen.

Ich habe schon viele erfolgreiche, berühmte und reiche Menschen kennengelernt. Aber alle haben sie die gleichen Unzulänglichkeiten wie wir alle, die gleichen Probleme, die gleichen Wehwehchen.

Es sind halt alle Menschen wie du und ich.

Und wenn Sie das gleiche erreichen wollen wie einer von diesen Erfolgreichen (oder sogar noch mehr), dann haben Sie die Möglichkeit dazu.

Wenn es je einen Menschen auf dieser Welt gab, der früher krank und später gesund war, können Sie es auch.

Wenn es je einen Menschen auf dieser Welt gab, der früher arm und später reich war, können Sie es auch.

Wenn es je einen Menschen gab, der alleine war und später in einer glücklichen Partnerschaft lebte, können Sie es auch.

Wir sind alle im gleichen Club.

Wir haben die Möglichkeit, alles im Club Mögliche zu erreichen. Vielleicht nicht von heute auf morgen, aber dennoch ganz gewiss.

Willkommen im Club!

Der Test

Sicher denken Sie nun, wenn Sie dieses Buch bis hierhin gelesen haben: "Hört sich gut an! Nur - ob das denn wohl alles so wahr ist?"

Sie haben vermutlich gute Gründe, um kritisch zu sein. Vielleicht sind Sie schon öfters etwas leichtgläubig in die ein oder andere Falle getappt. Ich persönlich bin immer froh darüber, wenn Teilnehmer in meinen Veranstaltungen kritisch sind und nicht alles unbesehen hinnehmen.

Natürlich ist eine gewisse Offenheit - gerade bei diesem Thema - unerlässlich. Aber wozu haben wir denn unseren Verstand, wenn nicht zum kritischen Abwägen?

Wer diese Dinge, die ich hier beschreibe, sehr schnell und leichtgläubig hinnimmt, läuft Gefahr, dies immer zu tun. Wenn Sie also morgen ein Buch in die Hand bekommen, in dem genau das Gegenteil von dem steht, was Sie hier gelesen haben, kann es passieren, dass Sie eben auch das sehr schnell glauben. Deshalb bin ich immer froh über eine gewisse Vorsicht.

Aber ich bin sicher, dass Sie beim Lesen sehr oft - wenn auch nur innerlich - genickt haben. Dass Sie scheinbar unmögliche und seltsame Begebenheiten in Ihrem Leben plötzlich erklärbar fanden. Dass Sie vielleicht sogar im Grunde immer schon mit so etwas gerechnet hatten.

Aber dennoch ist es gut und wichtig, auch Beweise dafür zu haben, dass dem tatsächlich so ist.

Einmal von Ihren persönlichen Erlebnissen abgesehen, die Sie bisher und vor allem ab sofort immer wieder darin bestätigen, kann ich Ihnen zeigen, wie Sie sich das Ganze selbst beweisen können.

Sicher gilt das nicht für alle beschriebenen Punkte, aber gewiss doch für die Kraft der Gedanken (und wovon sonst handelt dieses Buch?).

Es handelt sich um einen Test, bei dem die Körperkraft, die Körperenergie im Mittelpunkt steht.

Sie wissen sicherlich, dass unsere Körperkraft abhängig ist von unserem Geschlecht (Männer haben in der Regel mehr Körperkraft wie Frauen), von unserer sonstigen genetischen Veranlagung und von unserem Trainingszustand (also ob wir unsere Muskulatur viel oder wenig gebrauchen).
Dass unsere Körperenergie sogar von unseren Gedanken abhängig ist, können Sie selbst testen.
Sie benötigen hierzu einen anderen Menschen als Partner.

Zunächst üben Sie diesen Test ein.

Getestet wird die Kraft des Muskels, der den Arm seitlich hochhebt. Man könnte jeden beliebigen Muskel nehmen, jedoch sieht man die Arbeit dieses Muskels am deutlichsten. Da der Muskel eine D-Form hat, heißt er Delta-Muskel.
Man nennt diesen Test deshalb auch den **"Delta-Test"**.

Der "Neutraltest":

Zunächst sollten sich beide Partner an die Testausführung gewöhnen. Hierzu führt man zunächst einmal einen sogenannten "Neutraltest" durch.

Die Übungsausführung sieht folgendermaßen aus:

EINFACH MITMACHEN

101

Beide Partner stehen sich vis á vis gegenüber, jedoch etwas nach rechts versetzt. Die getestete Person streckt ihren linken Arm seitlich bis in die Waagerechte ab.
Der Tester legt seine rechte Hand auf das Handgelenk dieses ausgestreckten Armes. Die linke Hand legt er als Gegengewicht auf die rechte Schulter des Getesteten. Nun drückt der Tester - nach einem deutlichen "Achtung, jetzt!" - den Arm des Getesteten nach unten. Dieser hält so fest wie möglich dagegen.

Es geht hierbei nicht darum, wer wohl der Stärkere ist. Es geht lediglich darum, dass der Tester herausfindet, wie stark die getestete Person ist, um den Arm wirklich oben halten zu können. Der Druck nach unten sollte also nur so stark sein, dass der Getestete noch dagegen halten kann.

Aufgabe ist also, lediglich die "Neutralkraft" der Testperson zu ermitteln. Der Tester weiß somit, mit welcher Kraft er bei den folgenden Tests drücken kann.

Dieser "Neutraltest" sollte ruhig einige Male - auch im Wechsel - wiederholt werden, dass sich beide an den Bewegungsablauf gewöhnen.

Wenn nun beide das Prinzip erkannt haben, können Sie zum eigentlichen Test übergehen.

Ja - Nein:

Wenn wir gesagt haben, dass es wichtig ist, positiv zu denken, so können wir dies mit Hilfe des Delta-Tests überprüfen.
Das negativste Wort, das wir kennen ist "nein".

Der Getestete streckt nun seinen Arm zu Seite und wiederholt laut und deutlich das Wort "nein". Der Tester geht ebenfalls in seine Ausgangsposition. Nachdem der Getestete einige Male das Wort "nein" wiederholt hat, führt er - nach vorherigem "Achtung! Jetzt!" - den Test wieder durch.

EINFACH MITMACHEN

Beide werden die überraschende Feststellung machen, dass es dem Getesteten nicht möglich ist, seinen Arm oben zu halten, auch wenn der Tester natürlich nur den gleichen Druck ausübt wie beim Neutraltest.

Der gleiche Test mit dem Aufsagen von *"ja - ja - ja ..."* wird ein völlig anderes Ergebnis bringen. Der Arm des Getesteten ist plötzlich um ein Vielfaches stärker geworden.
(Falls Sie, liebe Leserin, lieber Leser, den Test noch nicht praktisch ausprobiert haben, so empfehle ich Ihnen, dies möglichst jetzt zu tun. Viele meiner Seminarteilnehmer glauben es einfach nicht, auch wenn sie es sehen. Erst wenn sie es aber am eigenen Leib - als Tester und als Getesteter - erlebt haben, können sie das Ganze als korrekt akzeptieren.)

Was auf den ersten Blick völlig unmöglich, ja sogar vorgetäuscht scheint, ist im Grunde nur die normale Reaktion des Körpers.
Sobald wir gegen etwas sind, sobald wir "nein" zu etwas sagen, haben wir keine Kraft, keine Energie.

(Es ist also eine Katastrophe, wenn 100.000 Menschen auf die Straße gehen und rufen: "Nein! Wir sind gegen Ausländerhass!"
Sie haben gar nicht die Energie, die sie haben könnten, wenn die Parole wäre: "Ja! Wir sind für ein Miteinander".)

Es ist deshalb ganz entscheidend, dass Sie Ihre Ziele immer positiv formulieren. Sagen Sie "ja" zur Gesundheit und nicht: "Nein, ich will nicht krank werden!" Sagen Sie "ja" zum Erfolg und nicht "nein" zum Misserfolg.
Suchen Sie sich Dinge, zu denen Sie "ja" sagen können, und meiden Sie mehr und mehr Dinge, zu denen Sie "nein" sagen. Oft ist hierfür nur eine andere Sichtweise oder eine andere Zielformulierung erforderlich.

Aber es macht einen Riesenunterschied!
Apropos Gesundheit: Die gleiche Energie, die es Ihnen ermöglicht, bei einem "ja" den Arm oben zu halten, ist es auch, die Ihr **Immunsystem** unterstützt. Und was meinen Sie wohl, wieviel Energie Ihr Immunsystem zur Verfügung hat, um Krankheitserreger abzuwehren oder Ihren Körper genesen zu lassen, wenn sie ein mehr negativ eingestellter Mensch sind? Je mehr Sie "ja" zum Leben sagen, desto gesünder werden Sie sein!

Positive / negative Situation:

Der gleiche Effekt wird eintreten, wenn Sie als Inhalt des Delta-Testes positive oder negative Situationen hernehmen.

EINFACH MITMACHEN

Die getestete Person muss sich lediglich an eine Situation erinnern, in denen es ihr schlecht ging und der Arm wird schwach reagieren.
Nimmt sie sich jedoch eine positive Situation vor Augen, so wird der Arm stark sein.

104

Wie oft grübeln wir über Missgeschicke nach, die uns irgend wann einmal passiert sind? Wir schwächen damit unseren Körper, unser Immunsystem.

Glauben Sie vor diesem Hintergrund, dass Sie im Falle einer Krankheit schnell gesunden können, wenn Sie sich die ganze Zeit mit Ihrer miesen Situation, mit den Problemen beschäftigen? Sicher nicht!

Unser Immunsystem ist dann am stärksten, wenn wir uns mit positiven, glücklichen Dingen beschäftigen. Auch wenn Sie krank im Bett liegen, können Sie sich innere Vorstellungsbilder von Gesundheit, von glücklichen Momenten machen. Und Ihr Immunsystem wird darauf positiv reagieren.

Lachen ist gesund! Diesen Spruch kennen Sie. Aber wussten Sie auch, dass es regelrechte Lach-Therapien gibt, die genau auf dieser Basis arbeiten? Wenn wir uns mit erfreulichen Dingen beschäftigen, werden wir schneller gesund.

Oder noch besser: wenn unsere vorherrschende Beschäftigung sich um etwas Positives dreht, dann werden wir seltener krank, weil ankommende Viren besser bekämpft werden können.

Überprüfen Sie auf diesem Hintergrund vielleicht einmal Ihr Umfeld. Wie sieht es mit Ihrer Arbeit aus, mit Ihrer Partnerschaft, Familie, Freunde? Haben Sie hier mehr positive oder mehr negative Erlebnisse? Falls die negativen Seiten überwiegen sollten, dann werden Sie vermutlich öfter einmal "auf der Nase liegen". Diese Dinge schwächen uns und machen uns krank. Ändern Sie deshalb schnellstmöglich die Umstände oder zumindest Ihre Einstellung dazu. (Wie das geht lesen Sie im Teil II dieses Buches!)

Smiley / Miesy:

Nächster Delta-Test.

EINFACH MITMACHEN

*Malen Sie auf ein DIN-A-4-Blatt einen **"Smiley"**, ein Lach-männchen. Es genügt eine Strichzeichnung mit zwei Augen und einem lachenden Mund.*

Legen oder hängen Sie dieses Blatt nun so hin, dass der Getestete während des Testes auf den Smiley sehen kann.
Er wird stark reagieren.

*Malen Sie nun auf ein neues Blatt einen **"Miesy"**, also ein Strichmännchen, das die Mundwinkel nach unten hängen hat.*

Wiederholen Sie den Test, während der Getestete nun auf den Miesy sieht. Er wird keine Kraft mehr haben!

(Bevor Sie die Übung beenden, lassen Sie ihn bitte nochmals auf den Smiley sehen, damit er mit positiver Energie den Rest des Tages verleben kann!)

Sie sehen, wie entscheidend es ist, in welches Gesicht Sie sehen. Auch im täglichen Leben! Meiden Sie also - soweit möglich - Griesgrämer und Miesepeter, nicht allein wegen der negativen Inhalte ihrer Erzählungen, sondern auch wegen ihrem Gesicht.

Aber auch wir sollten darauf achten, in welches Gesicht unsere Mitmenschen in unserem Umfeld bei uns sehen.

In welches Gesicht blicken denn Sie morgens in Ihrem Spiegel?
In welches Gesicht blickt Ihr Partner bei Ihnen morgens?
Ihre Kollegen, Mitarbeiter, Freunde, Verwandte, Familien?

Achten wir darauf, dass wir den anderen im Umgang mit uns die Möglichkeit geben, sich gut zu fühlen. Einfach auch dadurch, dass sie in ein lächelndes Gesicht sehen.

Lachen / Trauern:

Es wäre nun schlimm, wenn wir für unser Wohlergehen davon abhängig wären, wie denn unser Gegenüber aus der Wäsche schaut. Das gleiche Prinzip wie eben funktioniert natürlich auch bei uns selbst.
Probieren Sie es mit dem Delta-Test!

Wenn wir mit hängenden Mundwinkeln durchs Leben rennen, dann werden in unserem Gesicht Nerven angeregt, die unterhalb des Mundes, rechts und links vom Kinn liegen. Diese können Sie auch von Hand anregen.

EINFACH MITMACHEN

Machen Sie zunächst nochmals einen Neutraltest, um die normale Kraft des Getesteten zu ermitteln.

Dann zwicken Sie dem zu Testenden in die besagten Stellen seines Gesichts. Er wird beim erneuten Delta-Test schwach reagieren.

Dann zwicken Sie ihm rechts und links unter den Augen in die Wangen. Das sind die Punkte, die bei einem lachenden Gesicht angeregt werden.
Er wird nun stark sein.

Auch dies ist ein Grund dafür, dass Lachen gesund ist.

108

Der Körper weiß nicht, ob wir wirklich einen Grund haben zum glücklich oder traurig sein. Er registriert lediglich die ankommenden Signale des Gesichts und reagiert entsprechend.

Diese Tatsache können wir uns zu Nutze machen:

Wenn Sie das nächste mal schlecht gelaunt sind, machen Sie doch einfach Folgendes: Schauen Sie auf eine Uhr mit Sekundenzeiger und lachen Sie eine Minute lang! Verziehen Sie den Mund zu einer regelrechten Fratze, aber lachen Sie. Zu Beginn kommen Sie sich vermutlich ziemlich blöd vor. Schließlich geht es Ihnen ja schlecht. Aber nach einigen Sekunden müssen Sie dann schon selbst über sich lachen und wenn die Minute vorbei ist, werden Sie sich tatsächlich besser fühlen!

Diese Tatsache ist in Manager-Kreisen schon länger bekannt. Wenn solche Herren in Marathon-Sitzungen merken, dass Sie langsam abschlaffen, dann verabschieden sie sich für eine Minute auf die Toilette. Und die tun dann nicht das, was sonst alle dort machen, sondern sie lachen über das ganze Gesicht. Und kommen frisch und voller Energie wieder zurück.

Deshalb: Wenn Sie Ihre volle Energie nutzen möchten, wenn Sie gesund bleiben oder werden möchten, wenn Sie einfach besser drauf sein möchten, dann machen Sie ein freundliches Gesicht!

Falscher / richtiger Name:

Eindruckvoll ist auch dieser Test:

EINFACH MITMACHEN

Bitten Sie die Person, die Sie testen, immer wieder den eigenen Namen zu sagen, also zum Beispiel "Ich heiße Klaus. Ich heiße Klaus. Ich ... ". Achten Sie aber bitte auf genau diese Formulierung "Ich heiße..."!
Der Arm wird im Test stark reagieren.

Lassen Sie den Getesteten nun einen falschen Namen wiederholen, also bei dem obigen Beispiel sagt der Klaus: "Ich heiße Peter."
Der Arm wird schwach sein und nach unten gehen.

Der Körper merkt, wenn wir lügen!
Jedesmal, wenn wir die Unwahrheit sagen, reagiert der Körper hierauf mit einer Schwächung unserer Lebensenergie. Wir schaden uns also nur selbst.
Also auch deshalb - und natürlich auch aus den Gründen, die wir weiter vorne beschrieben haben: seien Sie ehrlich!

(Übrigens: Dieser Test eignet sich nicht als Lügendetektor. Er überprüft lediglich die Übereinstimmung des bewusst Ausgedrückten mit den Prägungen im Unterbewusstsein.)

Positive / negative Gedanken von anderen:

Dieser Test führt auf meinen Veranstaltungen regelmäßig dazu, dass anschließend ein regelrechtes Raunen durch den Saal geht.
Ich verfahre dabei folgendermaßen:

Nachdem ich die Versuchsperson neutral getestet habe, bitte ich sie für einen kurzen Moment vor die Tür. In dieser Zeit erkläre ich den Anwesenden, dass sie bei dem Test folgende Aufgabe haben: sie sollen über diesen Menschen während des Testes negativ denken. Aber nur denken, ohne das Gesicht entsprechend zu verziehen (sonst haben wir den gleichen Effekt wie bei dem Smiley) oder sogar über ihn zu schimpfen. Also nur denken und das Gesicht ganz neutral halten.

Der Getestete, der sich anschließend lediglich im Raum umsehen muss, wird schwach reagieren!

Bei einem zweiten Test denken dann alle etwas Positives über die Person, und er wird stark sein!

Welche Kraft doch Gedanken haben!

Ohne, dass irgend etwas gesprochen wird, ohne ein Zeichen, nur durch Gedanken wird die Energie eines anderen Menschen derart beeinflusst.

Dieser Test funktioniert auch, wenn nur eine Person als "Sender" fungiert. Sie können das also auch - mindestens zu dritt - einmal testen.

Wenn Sie diese Tests selbst ausprobiert haben, werden Sie nicht mehr nur glauben, dass Gedanken tatsächlich Kräfte sind, Sie werden es wissen!

II. Das Programm

Bilder

Die Arbeit unseres Unterbewusstseins läuft zu einem Großteil über Bilder. Alles, was wir denken, was wir hören oder lesen, bauen wir intern in unserem "Biocomputer" Gehirn in Bilder um.

Verschiedene Beispiele können dies verdeutlichen:

mein Unterbewußtsein arbeitet primär mit Bildern ...

Nehmen wir zunächst das Lesen. Wenn Sie einen Roman lesen und anschließend die Verfilmung in einem Kino sehen, sind sie meist enttäuscht. Aber warum? Weil Sie den ganzen Film schon gesehen haben. Nämlich Ihren Film. Beim Lesen läuft innerlich die Handlung vor unserem geistigen Auge mit. Wir machen uns davon - wie es so schön heißt - ein Bild.

Wenn wir nun die Verfilmung im Kino sehen, vergleichen wir unbewusst die Bilder unseres Films mit denen auf der Leinwand. Da der innere Film eher unserem Geschmack entspricht - wen wundert's, wir haben ihn ja schließlich selbst inszeniert - gefällt uns meist der Kinofilm nicht.

Oder stellen Sie sich einmal folgende Situation vor:

Vor Ihnen am Boden liegt ein ca. 6 m langes Brett, eine Bau-Bohle. Sie wissen, solche dicken, verstärkten Bretter, die breit genug sind, um darauf gehen zu können und stabil genug, dass ein ausgewachsener Bauarbeiter samt Schubkarre gefahrlos darüber kommt. Dieses Brett liegt also nun vor Ihnen, aber nicht

114

flach auf dem Boden, sondern an beiden Enden ist es auf einen Ziegelstein gelegt. Der Abstand zum Boden beträgt also einige Zentimeter und beim Drübergehen wird es etwas wippen.

Wenn ich Sie nun bitten würde, über dieses Brett zu gehen, würden Sie dies vermutlich bedenkenlos tun.
Ihre Entscheidung hierzu fällt aber aus einem besonderen Grund. In dem Moment, wo ich Ihnen diese Aufgabe stelle, werden Sie innerlich ein Bild von sich sehen, wie sie über dieses Brett laufen. Sie beurteilen blitzschnell, ob dieses innere Bild von Ihnen gewollt ist oder nicht. Wenn ja, so entscheiden Sie sich - wie in unserem Beispiel - dafür.

Legen wir nun aber das gleiche Brett in 20 Meter Höhe von einem First zum andern, und ich bitte Sie, darüber zu gehen, wird Ihre Entscheidung vermutlich ganz anders ausfallen. Warum eigentlich? Es ist das gleiche Brett, es hat die gleiche Breite und es federt ebenfalls. Nun, die Antwort liegt wieder in den inneren Bildern. In diesem Fall werden Sie wahrscheinlich ein Bild sehen, dass es nicht funktioniert, dass sie herunterfallen, vielleicht sehen Sie auch schon Notarzt und Krankenwagen.

In diesem Fall beurteilen Sie das innere Bild natürlich als nicht gewollt und lehnen das Angebot also dankend ab.

Natürlich liegt hier eine mögliche Gefahr vor. Ob Sie eine Situation aber als potentiell gefährlich oder ungefährlich einschätzen, liegt an Ihrer Einschätzung. Und die wiederum hängt von Ihrer Vorgeschichte ab, von Ihren Prägungen, von Ihren inneren Bildern.

Der einzige Unterschied zwischen beiden Situationen ist also lediglich die Art der inneren Bilder. Wären Sie im zweiten Fall in der Lage, sich innerlich über das Brett gehen zu sehen, so würden Sie es wahrscheinlich auch versuchen. Und könnten Sie dieses Bild des Erfolges während des ganzen Weges aufrechterhalten, so würden Sie es auch problemlos schaffen.

Wenn wir also unser Unterbewusstsein neu prägen wollen, so ist es sinnvoll, sich direkt seiner Sprache, also der Bilder, zu bedienen.

Hierbei ist es nun unerheblich, ob diese Bilder aus der sogenannten Realität kommen, oder ob wir sie uns nur einbilden. Das Unterbewusstsein kann beides nämlich nicht unterscheiden.

Wir können uns diese Systematik so vorstellen, als ob in unserem Kopf eine Leinwand angebracht wäre. Von dieser Leinwand werden die Bilder ins Unterbewusstsein abgelegt. Ob die Bilder nun von außen durch unser Auge auf diese Leinwand geworfen werden, oder ob wir sie von innen ähnlich einem Projektor projizieren, ist vollkommen gleichgültig. Der Effekt ist der Gleiche.

Da nun aber die Bilder in unserer äußeren Welt nicht immer sehr positiv sind, wir also nicht unbedingt von den negativen Realitäten neu geprägt werden sollten (wir haben sie ja bereits verursacht!), können wir uns neue, innere Bilder erschaffen.

Die Tätigkeit des "Innere-Bilder-Schaffens" nennen wir auch **Visualisierung.**

Diese Visualisierung können Sie gleich einmal ausprobieren.

Stellen Sie sich bitte einmal vor, dass vor Ihnen, dort, wo Sie jetzt gerade sind, ein kleiner Elefant steht. Stellen Sie ihn sich bitte ganz genau vor, in allen Einzelheiten.

EINFACH MITMACHEN

Sehen Sie den kleinen Kopf, die Ohren, die Augen, sehen Sie den Rüssel, mit dem er gerade hin und her wackelt. Sehen Sie auch sein Hinterteil mit den Schwanz, sehen Sie die Beine, einfach alles. Und um das Ganze nun etwas schwieriger zu machen, stellen Sie sich bitte vor, dass dieser kleine Elefant nicht etwa grau ist wie alle anderen Elefanten, sondern rosa.
Sehen Sie also jetzt - in allen Einzelheiten - einen kleinen, rosa Elefanten vor sich.

Dies war also jetzt eine Visualisierung, ein inneres Bild.

Wenn Sie sich diesen rosa Elefanten oft genug und/oder mit ausreichendem Gefühl vorstellen, werden Sie dieses Bild fest in Ihrem Unterbewusstsein verankern und es wird zu einer Prägung werden. Diese Prägung kann nun so bestimmend sein, dass Sie beim nächsten Besuch im Zoo ganz erstaunt sind, dass die dort doch tatsächlich graue Elefanten haben, wo die doch normalerweise rosa sind.

Sie lachen? Was anderes passiert aber tagtäglich mit uns?

Wir haben ständig solche rosa Elefanten um uns herum. Nur heißen sie bei uns anders.
Hier heißen sie: faule Ausländer, prügelnde Fußballfans, schlecht autofahrende Frauen und, und, und.

"Vorurteile" sind im Grunde alles rosa Elefanten.

Oder nehmen wir die Politik. Es ist erstaunlich wie zwei verschiedene Parteien ein und denselben Sachverhalt ganz anders darstellen und hierdurch wirklich eine unterschiedliche Sichtweise hervorrufen.
Ich erinnere hier auch an die Feindbilder zwischen verschiedenen Ländern. In unseren Köpfen haben wir doch häufig ganz andere Bilder, als sie sich in der Realität tatsächlich zeigen.

Unser Verhalten wird aber solange von den alten Bildern im Kopf bestimmt, bis wir diese verändern oder durch neue Bilder ersetzen.

EINFACH MITMACHEN

Stellen Sie sich den kleinen, rosa Elefanten doch einmal mit einer Pudelmütze, einem gestreiften Schlafanzug oder mit kleinen grünen Stiefeln vor.
Sie merken: mit jeder Veränderung des inneren Bildes verändert sich auch unsere Einstellung dazu.
(Verändern Sie doch einfach auch einmal das innere Bild eines von Ihnen gehassten Menschen. Ändern Sie die negativen Eigenschaften ins Positive und beobachten Sie Ihre Einstellung zu diesem Menschen!)

Diese Programmierung durch innere Bilder wird aber noch durch eine weitere wichtige Tatsache ergänzt.

Hierzu nochmals eine kleine Visualisierungsübung:

EINFACH MITMACHEN

*Stellen Sie sich jetzt bitte einmal vor, dass vor Ihnen **kein** kleiner Elefant steht. Sehen Sie auch bitte **nicht** den kleinen Kopf mit den Ohren, den Augen und dem langen Rüssel, der nun natürlich **nicht** hin und her schwingt, sehen Sie auch **nicht** das Hinterteil mit dem Schwanz, **nicht** die Füße, und sehen Sie bitte schon **gar nicht**, dass dieser Elefant rosa ist.*
*Sehen Sie also jetzt bitte **keinen** rosa Elefanten vor sich!*

Hat es funktioniert?

Natürlich hat es **nicht** funktioniert! Natürlich haben Sie den rosa Elefanten schon wieder gesehen.

Wir können uns nämlich etwas nicht nicht vorstellen!

118

Um sich eine Verneinung bildhaft vorstellen zu können, brauchen wir zunächst das ursprüngliche Bild. Wir kennen dies von verschiedenen Hinweisschildern. Nichtraucherzonen werden zum Beispiel mit einer Zigarette gekennzeichnet, die durchgestrichen ist.

Was hat das aber für Auswirkungen auf unser Thema, die Prägungen des Unterbewusstseins?

Nun, ganz erhebliche! Denn wie verfahren wir denn so im täglichen Leben?

Wir wollen zum Beispiel nicht krank werden. Was kommt uns aber hier für ein Bild in den Sinn? Krankenbett, Operation oder zumindest ein Schal um den erkälteten Hals. Da unser Unterbewusstsein nun aber zum größten Teil in Bildern arbeitet, ist klar, dass hier natürlich die Information "krank" ankommt. Und der Körper wird - wenn die Information oft genug und/oder mit ausreichendem Gefühl angekommen ist, entsprechend mit Krankheit reagieren.

Und was wollen wir alles nicht!

Wir wollen nicht arbeitslos werden, wir möchten keinen Ärger im Büro, keinen Streit zu Hause, wir möchten in einer Partnerschaft nicht enttäuscht werden und, und, und...

Da wir aber mit diesem "Nicht-Wollen" im Grunde nur das Gegenteil dessen erreichen, ist es so wichtig, dass **wir uns mit dem beschäftigen, was wir haben wollen, und eben nicht immer mit dem, was wir nicht haben wollen.**

Aber wer weiß denn schon, was er will? Die meisten Menschen wissen tatsächlich nur, was sie nicht wollen. Und wundern sich dann, wenn sie genau das bekommen. Im Grunde aber eine logische und ganz normale Sache.

Deshalb heißt es auch **"Positives Denken"**, weil wir uns mit den positiven Bereichen beschäftigen müssen, um sie letztendlich auch zu verursachen. Solange ich gegen etwas bin, am Besten noch mit viel Gefühl, kann ich es gar nicht verhindern.

Klare, festdefinierte Ziele sind von daher eine wichtige Grundlage für den Erfolg.
(Wie Sie Ihre Ziele finden können, werden wir später genauer behandeln.)

Um unserem Unterbewusstsein auch ganz deutlich zu machen, dass diese Zielvorstellung **für uns** gedacht ist und nicht etwa für unseren Nachbarn, sollten wir noch Folgendes beachten. Es ist sinnvoll, wenn wir in diesen inneren Bildern - oder besser in diesen Filmen, es sollten natürlich keine Standbilder sein, sondern möglichst realistische Abläufe - selbst im Mittelpunkt des Geschehens stehen. Sehen Sie sich also in den entsprechenden Situationen, sehen Sie sich in dem Umfeld, das Sie sich wünschen. Sie sind der Hauptdarsteller Ihres Filmes.

Ob Sie die Szenen nun so erleben, als ob Sie das Ganze **aus der Perspektive Ihrer Augen** sehen, oder ob Sie sich **wie in einem Film von außen** beobachten, ist zunächst einmal gleichgültig. Häufig ist es jedoch so, dass das eigene Erleben, das Mitten-drin-Stecken in einer Handlung mit mehr Gefühl verbunden wird, wie wenn man sich einfach nur beobachtet. Und Sie wissen, dass auch die Größe des Gefühls ausschlaggebend für die Schnelligkeit und Festigkeit der Prägung ist.
Probieren Sie einfach aus, welche Variante Ihnen besser liegt, bei welcher Art von "Kameraführung" Sie sich besser fühlen. Und verwenden Sie natürlich die, die mit dem besten Gefühl einhergeht.

Sie können die Intensität der Gefühle auch noch dadurch verändern, dass Sie Ihre inneren Bilder richtiggehend bearbeiten. Wie in einem Filmstudio können Sie die Szenen heller oder dunkler erscheinen lassen, können vielleicht angenehme Musik im Hintergrund laufen lassen, Sie können die Beleuchtung ganz gemütlich einstellen, Sie können ein warme, wohlige Atmosphäre erzeugen oder was auch sonst Ihnen hilft, die Szenen wirklich mit viel gutem Gefühl zu erleben. Seien Sie kreativ! Arbeiten Sie vielleicht auch einmal mit anderen Farben, einmal kräftigere Töne, das andere mal eher weichere. Tun

Sie alles, was Sie für Ihren Top-Film für sinnvoll und notwendig halten. Es sind Ihnen keinen Grenzen gesetzt. Sie sind Drehbuchautor, Regisseur und Hauptdarsteller in einem. Sie haben alle Fäden in der Hand.

Sie können sogar so weit gehen, dass Sie völlig unrealistische Bilder produzieren.

Hier möchte ich Ihnen die Geschichte des leukämiekranken Sven (10 Jahre) erzählen:

Der behandelnde Arzt hatte ihm - in kindlich verständlicher Form - erklärt, dass in seinem Blut rote und weiße Schiffchen schwimmen. Die roten Schiffchen seien sehr wichtig, weil sie den lebensnotwendigen Sauerstoff zu den Organen transportieren. Nun habe er - der Junge - aber viel zu viele weiße Schiffchen, so dass die roten keinen Platz zum Fahren mehr haben und somit auch ihre Arbeit nicht mehr korrekt ausführen können. Und das sei der Grund, warum er so krank sei.

Nachdem der Junge das hörte, dachte er sich in seiner kindlichen Naivität: wenn es zu viele weiße Schiffchen gibt, müssen die einfach raus. Und so stellte er sich jedesmal, wenn er auf der Toilette war, vor, dass mit seinem Urin ganz viele kleine Schiffchen hinaus schwammen. Er hatte ein inneres Bild von hunderten und tausenden kleiner weißer Schiffchen, die in den Kanal verschwanden.
Und der Junge ist heute kerngesund, obwohl die Ärzte ihn damals aufgegeben hatten.

Kraft der inneren Bilder!

Wichtig für den Erfolg ist also nicht die realistische Vorstellung, sondern der Informationsgehalt für das Unterbewusstsein. Aus unseren Träumen wissen wir, dass unser Unterbewusstes sehr oft mit unrealistischen, symbolhaften Bildern arbeitet. Das gleiche können wir natürlich auch beim umgekehrten Vorgang der Programmierung tun.

Natürlich sollten Sie darauf achten, dass Sie bei bestimmten Zielen diese möglichst exakt und realistisch visualisieren. Nur fehlt uns allzu oft die Grundlage dafür, gerade wenn es um wissenschaftliche Dinge geht oder eben um Abläufe im menschlichen Körper.

Hier können wir solche symbolischen Bilder hervorragend nutzen.

Zum Thema Abnehmen empfahl ich meinen Seminarteilnehmern immer Folgendes: Sie sollten sich vorstellen, wie bei jedem Gang auf die Toilette ganz viele Fettzellen mit ausgeschieden werden oder dass bei jedem Ausatmen die Fettzellen herausfliegen. Oder Sie sehen einen kleinen Bagger, der an den Problemzonen des Körpers das Fett hinausschaufelt. Kleine Absaugrohre, die man in der Vorstellung an diese Stellen heranführt und die alles Fett hinaussaugen, haben die gleiche Wirkung.

Sie sehen schon, Ihrer Phantasie sind keine Grenzen gesetzt.

Ein weiteres schönes Beispiel aus diesem Bereich möchte ich noch anbringen:

Wenn Sie gerade beim Abnehmen sind und Sie sitzen vor einem Stück Kuchen, das Sie doch so gerne essen würden, tun Sie doch Folgendes:
Stellen Sie sich vor, dass alle Kalorien, die sich in dem Stück befinden, die Form von kleinen Männchen haben. Und sobald diese Männchen sehen, dass Sie den Kuchen gleich aufessen werden, flüchten diese in panischer Angst zum hinteren Ende und drängen sich dort alle zusammen. Sie können nun ganz genüsslich den vorderen Teil des Kuchens essen, den hinteren Teil, wo sämtliche Kalorien stecken, lassen Sie einfach liegen. (Die ganz Gierigen können sich auch vorstellen, wie die Kalorien-Männchen in panischer Angst vom Teller hüpfen - und sie können das ganze Stück essen!)

Diese Zielbilder - ob nun sehr realistisch oder eben symbolisch - müssen wir unserem Unterbewusstsein einprägen.
Am besten funktioniert dies in der Meditation, wie wir weiter hinten besprechen werden.

Es ist nun aber klar, dass vielleicht 10 Minuten am Tag Meditation mit dem Sehen der inneren Zielbilder nicht sehr viel bringt, wenn Sie die restlichen 23 Stunden und 50 Minuten von außen ganz andere Bilder an Ihr Unterbewusstsein senden.
Natürlich haften die Bilder der Meditation durch die Nutzung der Alpha-Phase im Verhältnis besser als die äußeren Bilder (hierzu Näheres im Kapitel "Meditation"), aber die Übermacht bei den Wiederholungen (und vermutlich auch der Gefühle den tatsächlichen Gegebenheiten gegenüber) ist doch erdrückend.

Achten Sie deshalb darauf, dass Sie auch Ihre **äußere Umgebung** langsam aber sicher Ihren inneren Bildern anpassen. Natürlich werden Sie dies in den meisten Fällen nicht von heute auf morgen tun können, aber dennoch ist dies ein wichtiger Schritt zur Neuprägung.

Wenn Sie sich zum Beispiel Gesundheit wünschen, dann sollten Sie alles aus Ihrer Umgebung wegräumen, was Sie in irgend einer Form an Krankheit erinnern könnte. Verstauen Sie also Medikamente in einer Schublade und räumen Sie Rezepte weg. Problematisch ist dies natürlich, wenn Sie im Krankenhaus liegen, aber versuchen Sie trotzdem Ihr Mögliches.

Apropos Krankenhaus! Welches Bild sehen Sie vor Ihrem geistigen Auge bei diesem Begriff? Oder bei Krankenschwester, Krankengymnastik, Krankenkasse? Es wäre für uns alle sinnvoller, wenn wir weniger Kranken-, sondern mehr Gesundheitshäuser hätten!

Oder nehmen wir wieder das Beispiel Figur:

Hängen Sie sich Bilder an die Wand von Zeiten, in denen Sie schlank waren. Wenn Sie keine solchen Bilder besitzen, schnei-

den Sie sich Fotomodelle aus Katalogen aus, die die Figur haben, die Sie gerne haben möchten. Besonders effektiv ist dies, wenn Sie Ihr Gesicht als Fotomontage darüberkleben. Hängen Sie die Kleider außen an den Schrank, in die Sie wieder hineinpassen wollen. Nicht um sich selbst etwas vorzumachen, sondern als häufiges Signal an Ihr Unterbewusstsein.

Wenn Sie gerne mehr Geld haben möchten und Sie aber in einer recht armen Gegend wohnen, gehen Sie in besseren Wohngegenden spazieren, setzen Sie sich in einem noblen Hotel in die Eingangshalle, gehen Sie in teuren Geschäften bummeln, "tanken" Sie wo immer möglich äußeren Reichtum.

Ganz tolle äußere Bilder entstehen auch dann, wenn Sie einfach so tun, als ob Sie Ihr Ziel bereits erreicht hätten.

Wenn Sie zum Beispiel allein leben und sich eine Partnerschaft wünschen, dann räumen Sie doch Ihre Wohnung schon einmal so um, als ob wirklich bald jemand bei Ihnen wohnen würde. Stellen Sie vielleicht ein zweites Zahnputzglas ins Bad, machen Sie Platz in Ihrem Kleiderschrank, oder was sie sonst noch tun würden, wenn Sie wüssten, dass heute jemand einzieht.

Zum Thema äußere Bilder gehört natürlich auch das Thema **"Fernsehen"**. Auch diese Bilder haben natürlich Einfluss auf die Prägungen in unserem Unterbewusstsein.

Ich möchte nur einen Punkt hier - stellvertretend für alle anderen, vielleicht aber der Wichtigste - herausgreifen: **Gewalt**. Untersuchungen in den USA (und wir hier sich sicher nicht sehr weit davon entfernt) haben ergeben, dass im Schnitt in jeder Sendung für Erwachsenen pro Stunde 8 und in Sendungen für Kinder pro Stunde 16 (!) Gewalttaten zu sehen sind. Jugendliche haben im Schnitt bereits 18000 Morde gesehen!

Und nochmals: unser Unterbewusstsein - nicht nur das unserer Kinder (!) - kann nicht zwischen realen und fiktiven Bildern unterscheiden.

Zur Zeit kursiert das Problem Gewalt durch alle Schulen. Wenn wir uns die vorangegangenen Grundsätze nochmals vor Augen führen, so ist dies aber kein Wunder. Wenn wir - und noch mehr unsere Kinder - sehr oft und wahrscheinlich mit viel Gefühl sehen, dass Konflikte jeder Art am "Gescheitesten" mit Gewalt gelöst werden, dann wird dies natürlich zu einem festen Verhaltensmuster.
Unsere Kinder haben oft keine anderen ausreichenden Bilder, um andere Reaktionen zu verankern.
Achten Sie deshalb bewusst darauf, welche Sendungen Sie und Ihre Kinder sich im Fernsehen anschauen. Sie haben wesentlichen Einfluss auf das zukünftige Leben.

Ich möchte aber noch eine Anmerkung zum Thema Bilder machen, die mir sehr wichtig ist:

Da unser Unterbewusstsein von Bildern dominiert wird, läuft natürlich auch unser Gedächtnis primär visuell. Wir sehen das auch daran, dass wir uns an abstrakte, schlecht vorstellbare Dinge nur sehr schwer erinnern. Also der Großteil unserer Erinnerungen sind Bilder. Und das betrifft natürlich auch unsere Erinnerung an bestimmte negative Situationen, Erinnerungen an Kränkungen, an psychische Verletzungen. Und wie oft "suhlen" wir uns förmlich in solchen destruktiven Gedankenbildern. "Weißt Du noch damals, als der das und das mit mir gemacht hat?", "Wenn ich den nur sehe, wird es mir jetzt noch ganz übel!" und so weiter, und so weiter.

Abgesehen davon, dass es uns zum Zeitpunkt der Erinnerung schlecht geht (siehe Delta-Test), prägt sich natürlich die erneute Beschäftigung mit dem Thema wieder in unser Unterbewusstsein und wir verursachen das Gleiche nochmal.

Deshalb ist es so wichtig, dass wir lernen, zu vergeben.

Nicht, um "diesen Schweinehund" ungeschoren davonkommen zu lassen, sondern um sich selbst von den negativen Bildern zu befreien.

"Alles verzeihen, heißt alles vergessen." Dieser Satz birgt sehr viel Wahrheit.

Wenn Sie sich an bestimmte Situationen noch erinnern, haben Sie noch nicht verziehen. Verzeihen Sie, damit nicht immer wieder die alten Bilder hochkommen.

Wer Probleme mit dem Verzeihen hat - was in vielen Fällen durchaus verständlich wäre - der sollte sich fragen, ob diese eine (oder mehrfache) Situation nicht schon genug war. Durch das Festhalten an unserem Zorn verursachen wir nur nochmals die gleichen Situationen.

Deshalb nochmal der Appell:

Verzeihen Sie jedem alles!
Zu Ihrem eigenen Nutzen.

Und noch ein Letztes zu den Bildern:

Gerade in den vergangenen Jahren wird auch für Unternehmen jeder Größenordnung immer klarer, dass auch eine Firma ein Ziel in Form eines klaren Zielbildes benötigt. Hier spricht man dann von der **"Unternehmensvision"**.

Hier ist jedoch darauf zu achten, dass diese Vision auch von allen Mitarbeitern mit getragen wird. Sonst hat sie natürlich wenig Wirkung.

Und die beste Möglichkeit, dass wirklich jeder in der Firma sich mit dem Unternehmensziel und dem entsprechenden Bild identifiziert, ist, dass diese Vision auch möglichst gemeinsam entwickelt wird.

Ein Ziel, das von oben herab aufgepflanzt wird, wird nie das eigene Ziel sein. Ein Ziel, das der einzelne mitgestaltet hat, wird ihn dazu anspornen alles zu tun, dass dies auch erreicht wird.

Leitsätze

... oder mit Leitsätzen

Nun ist es allerdings problematisch, den ganzen Tag mit irgend welchen Zielbildern im Kopf herumzulaufen. In der täglichen Meditation die inneren Bilder visualisieren ist der eine Punkt. Durch die Anpassung seiner Umwelt auch die äußeren Bilder den inneren anpassen ist der zweite. Natürlich ist es darüber hinaus auch notwendig, sich im Laufe des Tages so oft wie möglich die Zielbilder innerlich vorzustellen, ja sogar so zu tun, als ob das Ziel bereits erreicht sei.

Nur haben wir aber alle auch unser tägliches Leben zu bewältigen und dazu gehört nun einmal auch die Konzentration auf das, was wir gerade tun.

Sich auf ein neues Ziel vorbereiten heißt ja nicht, die jetzigen Aufgaben zu vernachlässigen. Im Gegenteil! Wir sollten uns quasi durch gute Leistungen jetzt für ein besseres Morgen qualifizieren. Wer aber den ganzen Tag mit inneren Bildern beschäftigt ist, kann natürlich nicht seine volle Leistungsfähigkeit bringen.

Davon abgesehen, dass er vielleicht vor lauter inneren Bildern die äußeren nicht mehr wahrnimmt und unter Umständen an den nächsten Laternenmast läuft.

Deshalb ist es ganz zweckmäßig, wenn wir diese Zielbilder reduzieren auf Sätze.
Kurze, knappe Sätze, die in eindeutiger Form das Zielbild beschreiben, nennen wir **Leitsätze** (oder auch **Affirmationen**).

Hier gilt es, einige Punkte zu beachten:

Da wir auch in unseren Bildern das Ziel schon vorwegnehmen, müssen wir dies natürlich auch bei den Leitsätzen tun. Das heißt, dass diese Sätze immer in der **Gegenwartsform** formuliert werden müssen.

Wenn Sie also zum Beispiel krank sind und sie möchten nun wieder gesund werden, so wäre die passende Affirmation "Ich bin gesund". Sie werden nun vielleicht sagen, dass Sie doch nicht einfach behaupten können, gesund zu sein, wenn Sie doch krank in Ihrem Bett liegen. Sie meinen, sich nicht selbst belügen zu können.

Es geht nicht darum, dass wir uns selbst etwas vormachen. Es geht darum, dass wir die Systematik der Prägung unseres Unterbewusstseins konsequent nutzen.

Wenn wir sagen würden "Ich werde gesund", so werden wir innerlich ein Bild entwerfen, wie wir immer noch im Bett liegen, es uns zwar langsam besser geht, aber dennoch noch nicht das Ziel Gesundheit erreicht haben.

Und Sie wissen ja, dass wir uns immer auf ganz feste Zielbilder hinbewegen.

Wenn Sie sagen "Ich werde gesund", so wird Ihr Unterbewusstsein sagen: "Ist in Ordnung! Sag' dann bitte bescheid, wenn Du so weit bist!"

Wenn Sie Probleme mit solchen Behauptungen haben, die in keiner logisch nachvollziehbaren Verbindung mit der jetzigen Realität stehen, so können Sie auch Formulierungen verwenden wie ***"Mir geht es von Tag zu Tag immer besser und besser"*** (Dies ist übrigens die älteste moderne Affirmation, entwickelt von Emile Coué). Somit sind Sie quasi aus dem Schneider.

Wenn Sie nämlich jedesmal, wenn Sie Ihre Affirmation innerlich sagen, eine andere innere Stimme hören, die Ihnen sagt, dass das doch alles gar nicht wahr ist, so wird natürlich Ihr Ziel kein Stück näher kommen. Eher noch im Gegenteil. Denn dieser "innere Schweinehund" kommt ja mit viel mehr Gefühl dahergekrochen, als wir unsere Behauptung aufsagen, wenn wir nicht wirklich dahinter stehen.

Formulieren Sie deshalb Ihren Leitsatz immer so, dass er auch seinen Zweck erfüllt.

Eine weitere wichtige Grundbedingung für die Erstellung von Affirmationen ist die Vermeidung aller Verneinungen, also **die Verwendung von positiven Aussagen.** Wenn Sie zum Beispiel sagen "Ich bin kein Versager", so werden Sie natürlich innere Bilder von Situationen sehen, in denen Sie versagt haben - und dadurch diese Prägung erneut festigen und es wieder und wieder verursachen.

Erinnern Sie sich an den rosa Elefanten des letzten Kapitels und die Konsequenzen daraus.

Vermeiden Sie deshalb die Wörter *"kein"* und *"nicht"* in Ihren Formulierungen, sie bewirken nur das Gegenteil.

Jetzt werden Sie vielleicht auf folgende Idee kommen: Sie sagen sich ganz oft "Das kann ich nicht", Ihr Unterbewusstsein versteht aber dieses *"nicht"* nicht, und somit können Sie es dann doch. Der Gedankengang ist gut, aber hier leider nicht zutreffend. Es kommt im Grunde weniger auf die Formulierung an als auf die Bilder, die wir innerlich damit verbinden.

Und wenn wir "Das kann ich nicht" sagen, werden wir Szenen sehen, wie uns das Vorhaben wirklich schief geht. Also doch wieder nicht positiv.

Solche Dinge sind aber die Ausnahme. Um aber grundsätzlich sicher zu gehen, verwenden Sie bitte nur positive Formulierungen.

Die Leitsätze sollten nach meinem Dafürhalten auch **kurz und "knackig"** sein. Viele Autoren empfehlen lange, ausgedehnte und ausführliche Formulierungen. Ich dagegen sehe hier ein großes Problem:

Die Affirmationen sind dazu gedacht, dass wir Sie im Lauf des Tages, wann immer wir uns daran erinnern, oder wann immer wir den Kopf dafür frei haben, anwenden. Hier kommen alle Tätigkeiten in Frage, die keine besondere geistige Aufmerksamkeit bedürfen. Denken Sie an Routinearbeiten auf Ihrer Arbeitsstelle oder im Haushalt, denken Sie an Fahrten mit dem Auto oder mit öffentlichen Verkehrsmitteln, denken Sie auch an Wege, die Sie gehen. Wieviel mehr Spaß macht zum Beispiel das Bügeln, wenn Sie es nicht einfach nur so tun, sondern Sie sich bei jeder Bewegung des Bügeleisens zum Beispiel sagen: *"Ich bin schlank, Gott sei dank"*. Wie anders laufen Sie über den Gang in Ihrer Firma wenn Sie im Rhythmus des Gehens denken: *"Ich hab' die Kraft, die alles schafft"*.

Wenn unsere Leitsätze nun sehr lang sind, dann reichen viele Möglichkeiten zeitlich gar nicht aus.

Zudem zählt die Wiederholung für die Wirksamkeit. Können wir unser Ziel in einen kurzen "Slogan" einbinden, werden wir diesen natürlich viel öfter wiederholen können als einen langen Satz oder sogar Sätze.

Es gibt aber noch einen weiteren Grund, warum ich für kurze, knappe Leitsätze plädiere:

Wir werden den ganzen Tag mit negativen Botschaften bombardiert. Denken Sie nur an Nachrichten in Rundfunk und Fernsehen, denken Sie an Zeitungen jeder Sorte oder auch an sogenannte "normale" Filme im Fernsehen oder im Kino. Immer werden wir schwerpunktmäßig mit Gewalt, Verbrechen, Krankheit, wirtschaftlichen Problemen und vielem anderem konfrontiert. Aber auch im täglichen Gespräch mit anderen Menschen dominieren häufig die negativen Inhalte. "Tratsch" jeder Art soll hier nur stellvertretend stehen.

Und somit haben wir uns auch angewöhnt - Sie wissen, die häufige Wiederholung - ebenfalls sehr stark negativ zu denken.

Wenn wir uns aber nun ein - positives - Ziel gesetzt haben, ist die Wahrscheinlichkeit, dass uns immer wieder ein Unmenge von Argumenten einfällt, warum dies nicht klappen kann, recht groß.

Hierfür können wir unsere Leitsätze als quasi **"Fliegenklatsche"** einsetzen. Immer dann, wenn mal wieder so ein negativer Gedanke sich in unserem Gehirn breit machen will, setzen wir direkt unsere Affirmation dagegen. Am besten sogar schon, bevor wir den negativen Gedanken überhaupt zu Ende gedacht haben.
Wenn wir nun eine sehr lange Affirmation haben, geht diese "Fliegenklatschen-Funktion" verloren. Wenn wir zuerst tief Luft holen müssen, um alles aufsagen zu können, hat sich der destruktive Gedanke bereits in aller Seelenruhe breit gemacht.

Und Sie wissen ja, alles was wir oft genug denken, hat die Tendenz, sich zu verwirklichen.

Um unsere Leitsätze fließend auch während dem Gehen sprechen zu können, ist es schön, wenn auch ein bestimmter **Rhythmus** vorhanden ist. Und wenn wir es ganz perfekt machen wollen, dann sorgen wir noch für einen **Reim**, damit er sich richtig gut einprägt.

Einige Beispiele, die Sie natürlich gerne übernehmen können, sollen dies verdeutlichen:

"Ich hab' die Kraft, die alles schafft!"
"Ich bin schlank, Gott sei Dank!"
"Ich bin reich wie ein Scheich!"
"Ich habe Mut, es geht mir gut!"

oder andere wie:

"Es geht ganz leicht!"
"Ich liebe mich bedingungslos!"
"Ich bin wichtig!"

Ich kombiniere meine Trainings sehr gerne mit besonderen äußeren Rahmenbedingungen. (Wenn ich außen etwas Neues biete, kann ich innen einfacher neue Dinge erreichen.) Eine Möglichkeit, die ich sehr viel und sehr gerne nutze sind die Berge. So laufe ich zum Beispiel häufig mit Gruppen mehrere Tage durch die Berge und binde dort die äußeren Bedingungen fest in den Seminarinhalt ein.

Zum Thema "Leitsätze" mache ich zum Beispiel regelmäßig folgende Übung: Auf Wegstrecken, die über längere Zeit bergauf gehen, lasse ich die normalerweise ungeübten Teilnehmer zunächst einmal normal gehen. Das Tempo ist sehr gering, aber für "Flachlandtiroler" ist auch dies schon recht anstrengend und ermüdend.

Dann gebe ich folgende Aufgabe: im Rhythmus des Gehens soll sich jeder nun ausschließlich auf den Satz "Es geht ganz leicht!" konzentrieren.

Das Ergebnis ist für alle verblüffend. Die anfängliche Müdigkeit ist fast wie weggeblasen, die Atmung normalisiert sich, es geht plötzlich wirklich "ganz leicht"!

Finden Sie aber bitte - neben den vorgegebenen Beispielen - auch eigene Leitsätze für sich. Sie sollten wirklich zu Ihnen passen, es sollte Ihnen Spaß machen, mit ihnen zu arbeiten. (Sofern man das überhaupt Arbeit nennen kann!)

Neben der Möglichkeit, sich diese Texte so oft wie möglich vorzusagen, können sie aber auch noch Folgendes tun:

Schreiben Sie sich Ihren Leitsatz auf kleine Kärtchen und verteilen Sie sie überall.
Am besten an Stellen, wo Sie sich häufig aufhalten. Am Spiegel im Bad zum Beispiel, im Auto, auf dem Schreibtisch, in der Küche oder wo immer Sie es für sinnvoll erachten.

Das Unterbewusstsein braucht häufige Impulse. Und gerade zu Beginn werden Sie wahrscheinlich öfter einmal vergessen, sich mit

Ihrer Affirmation zu beschäftigen. Hier können solche Kärtchen eine wertvolle Hilfe sein.

Und ein letztes Wort:

Leitsätze sind im Grunde nichts anderes als **Gebete**. Und wenn die Religionen ihre Gebete in Form von Rosenkränzen oder Gebetsmühlen abverlangen, dann nur, um über die Häufigkeit der Wiederholung sie besser ins Unterbewusstsein (= Gott) einzulegen.

Symbole

Es kann nun natürlich vorkommen, dass Sie mit dem Sprechen und vor allem mit dem Schreiben der Affirmationen etwas Probleme haben.

Da sitzen Sie nun in einem Großraumbüro, wiegen 20 Kilo zu viel und stellen doch glatt auf Ihren Schreibtisch ein Kärtchen mit dem Text "Ich bin schlank, Gott sei Dank!".
Wenn Sie da mal nicht zum allgemeinen Gelächter beitragen!

... oder reduziert auf Symbole

Hier gibt es aber einen Ausweg.

Leitsätze sind die Reduktion der inneren Bilder auf Worte. Diese Worte können wir nun aber weiter reduzieren auf **Symbole**.

Symbole können für Sie alles sein, was Sie mit Ihrem Ziel verknüpfen wollen. Ihrer Phantasie sind dabei keine Grenzen gesetzt.

Eine Teilnehmerin eines meiner "Denke Dich schlank"-Semina-re hatte sich als Affirmation den Satz "Ich bin leicht wie eine Feder" gewählt. Als Symbol wählte Sie also Federn. Und zu hause angekommen leerte Sie ein altes Kopfkissen und verteilte überall in der Wohnung Federn. Für Fremde war es eine originelle Dekoration, für sie aber Ihr Symbol für eine schlanke Figur.

Wenn Sie ein neues Haus haben wollen, verteilen sie Spielzeughäuser. Bei einem Auto oder bei Reisen eben kleine Auto- oder Flugzeugmodelle. Für Ihre Gesundheit können Sie Tennisbälle nehmen, als Symbole für Ihre wiedergewonnene Fitness. Natürlich tun es auch Bilder oder Pläne, was immer Sie wollen.

Sinn der Symbole ist, dass wir so oft wie möglich mit unserem Ziel in Verbindung kommen.

Irgendwann werden Sie diese Symbole gar nicht mehr bewusst wahrnehmen. Erst wenn andere Sie nach der Bedeutung fragen, werden Sie merken, dass sie noch da sind.

Aber unterbewusst werden Sie mit Ihrem Symbol Ihr Ziel verbinden und somit wieder eine positive Information an Ihr Unterbewusstsein senden.

Meditation

Um die Neu-Program-
mierung nun aber sehr
viel schneller ablaufen zu
lassen, als dies mit den
bereits besprochenen
Punkten alleine möglich
ist, bedienen wir uns ei-
ner "Turbo-Technik", der
Meditation.

besonders effektiv in der
MEDITATION

Seit der Erfindung des
EEG, des Elektro-
Encephalo-Graphen (ei-
nem Gerät zur Messung
der Gehirnaktivität) weiß man, dass unser Gehirn zu unterschiedlichen Zeiten auch unterschiedliche Aktivitäten aufweist. Es produziert unterschiedliche Frequenzen, Gehirnwellen.
Diese dabei entstehenden, unterschiedlichen Bereiche nennt man
auch **Bewusstseinsstufen**.

Im normalen Wachzustand, dann also, wenn wir uns mit der physischen Welt im Außen beschäftigen, produziert unser Gehirn Wellen,
die in einem Bereich oberhalb von 14 Hertz liegen. Die Höchstwerte
liegen über 30 Hertz, dann, wenn wir sehr aufgeregt sind. Der Schnitt
liegt bei etwa 21 Hertz. Diesen Bereich nennt man auch die **"BETA-
Phase"**.

Unter 14 Hertz sinken wir immer dann, wenn wir die Aufmerksamkeit von der äußeren Welt abziehen und uns mehr der geistigen Welt
zuwenden.

Dies ist besonders im Schlaf der Fall.

Hier gibt es jedoch, wie wohl jeder aus eigener Erfahrung weiß, Phasen in denen wir sehr tief und fest schlafen, aber auch Abschnitte, die eher oberflächlich sind. In diesen "wacheren" Phasen träumen wir.

Die Schlafforschung hat nun herausgefunden, dass wir während der Nacht häufig wechseln zwischen den Traum- und den Tiefschlaf-Phasen, wir also jede Nacht träumen, und zwar mehrfach. Häufig erinnern wir uns einfach nicht daran.

Die Traumphasen nennt man auch REM-Phasen, weil in dieser Zeit sich die Augen hinter den geschlossenen Lidern ganz schnell hin und her bewegen, als würden wir dem "Film", der gerade abläuft, mit unseren physischen Augen zusehen. (REM ist die Abkürzung für den englischen Ausdruck "Rapid Eye Movement", also "schnelle Augen-bewegung").

Der Bereich, in dem wir nun träumen, liegt zwischen 7 und 14 Hertz und wird als **ALPHA-Phase** bezeichnet.
Die Zeiten des Tiefschlafs liegen zwischen 4 und 7 Hertz und heißen **THETA-Phase**.
Unter 4 Hertz befinden wir uns, wenn wir bewusstlos sind. Diese Phase nennt man auch **DELTA**.

		Hertz	
	Physische Welt		
Äußere Bewusstseins-stufen	Sehen Hören Riechen Tasten Schmecken	21 14	Beta
Innere Bewusstseins-stufen	**Geistige Welt**	7 4	Alpha Theta
Bewusstlos		0	Delta

138

Wichtig für unser Thema - die Meditation - ist nun die ALPHA-Phase.

In dieser ALPHA-Phase nämlich ist das Tor zum Unterbewusstsein, die Schnittstelle vom Bewusstsein zum Unterbewusstsein, besonders weit offen.
Dies ist schon allein durch die Traumtätigkeit zu erkennen. Hier kommen also ganz leicht Informationen aus dem Unterbewusstsein ins Bewusstsein.
Wenn nun das "Tor" einmal offen ist, wenn Informationen aus dem Unterbewusstsein ins Bewusstsein gelangen können, dann funktioniert das auch in die andere Richtung.

Nun werden Sie vielleicht denken: "Toll! Nur wie soll ich mich im Schlaf selbst programmieren?"
Die ALPHA-Phase ist nun nicht beschränkt auf die **Traumphase**, sondern wir können Sie auch bewusst hervorrufen, und zwar durch eine **Körperentspannung** wie bei der Meditation.
Wenn wir in ALPHA sind, sind wir entspannt - aber auch wenn wir entspannt sind, sind wir in ALPHA.

Informationen, die wir im ALPHA-Zustand empfangen, führen also auch sehr viel schneller zu einer Prägung im Unterbewusstsein. Alles, was wir in diesen Phasen sehen, hören, fühlen, tun oder nur einfach denken, wird sehr schnell zu einem Automatismus führen.

Dies ist um so wichtiger zu wissen, da wir nicht nur im Schlaf oder der bewusst herbeigeführten Meditation diese ALPHA-Phase erreichen, sondern sehr viel häufiger.

Die Zeiten **unmittelbar vor dem Einschlafen** oder **nach dem Wachwerden** laufen ebenfalls in der ALPHA-Frequenz ab. Oder Momente, in denen wir "etwas abwesend" sind, also vor uns hin dösen und unseren Gedanken nachhängen. Und überlegen Sie einmal, welcher Art von Gedanken Sie in solchen Momenten nachgehen.

Sind es eher positive, konstruktive Gedanken, oder zerbrechen Sie sich den Kopf über alle möglichen und unmöglichen Probleme?

Seien Sie aber gewiss, dass alles, was Sie in diesen Alpha-Phasen denken, sehr schnell ins Unterbewusstsein gelangt und sehr schnell zu einer Prägung führt, die Sie in Ihrem Leben beeinflusst.

Gleichgültig, ob die Inhalte für Sie von Nutzen sind oder nicht, gleichgültig, ob Sie das wollen oder nicht.

<u>Bewusstseinsstufen und Alter:</u>

Durch die große Bedeutung der ALPHA-Phase in unserem Leben bezüglich der Prägung des Unterbewusstseins ist es sehr interessant, auch einmal die **Abhängigkeit der Bewusstseinsstufen vom Alter** zu beachten.

Alter	vorherschende Bewusstseinsstufe
bis 4 Monate	Delta
4 bis 9 Monate	50% Delta - 50% Theta
1 bis 3 Jahre	Theta
4 bis 9 Jahre	Alpha und Theta
10 bis 16 Jahre	Alpha und Beta (wenig Theta)
17 bis 20 Jahre	Beta (wenig Alpha)
bis 60 Jahre	Beta
im hohen Alter	Alpha

Gerade Kinder und Jugendliche sind vorherrschend in der ALPHA-Phase oder darunter und somit führen also alle Informationen, die sie empfangen, zu einer raschen Prägung.

Ich erinnere hier an Fernsehen und Video mit all seinen Gewaltszenen, an Kriegsspielzeug, das Vorbild der Eltern bezüglich Umgang mit andern und Umgang mit Drogen (Alkohol, Nikotin etc.) und an das sonstige Umfeld der Kinder wie Schule, Spielkameraden und Hobbys.
Ich erinnere aber auch an die Dinge, die wir unseren Kindern tagein/tagaus so sagen. Seien Sie sich darüber im Klaren, dass alles, was Sie Ihren Kindern sehr oft sagen, sich in deren Unterbewusstsein verankert und ihr Leben beeinflussen wird. Dies gilt für die (vielleicht seltenen) Ermutigungen, aber vor allem für die "guten Ratschläge" und die entnervten Beschuldigungen.
(Überlegen Sie vor diesem Hintergrund doch bitte einmal welche Auswirkungen folgende Sätze haben können:
"Du bist doch zu allem zu blöd!", "Aus dir wird nie etwas!", "Das Leben ist hart!", "Nimm dich nicht so wichtig!", "Sei zufrieden mit dem, was du hast!", etc., etc., etc.)

Der Vollständigkeit halber: natürlich werden Kinder auch bereits in THETA und DELTA geprägt. Da diese Bereiche aber in der Regel nicht bewusst herbeigeführt werden können, beschränken wir uns auf ALPHA.

Aber auch ein weiterer Punkt ist wichtig:
Im hohen Alter fallen wir automatisch wieder in die ALPHA-Phase zurück. Also auch alles, was alte Menschen den ganzen Tag über so sagen und denken, wird sehr schnell zu einer Prägung führen und somit zu einer "sich selbst erfüllenden Prophezeiung" werden.

Und einmal ehrlich: Kennen Sie viele ältere Menschen, die vorwiegend positive Gedanken haben?

Wenn Sie selbst schon zu dieser Altersgruppe gehören sollten, so achten besonders Sie auf eine positive Einstellung zum Leben. Und sollten Sie ältere Menschen in Ihrem Umfeld haben, die Ihnen ans Herz gewachsen sind, so können Sie ihnen keinen besseren Dienst tun, als sie so oft wie möglich auf konstruktive Gedanken zu bringen.

Die Körperentspannung:

Um diese ALPHA-Phase zu erreichen, müssen wir uns also lediglich körperlich entspannen
Dies können wir durch folgende, einfache Übungen erreichen:

Wir begeben uns an einen Ort, an dem wir möglichst ungestört sind, das heißt - wenn machbar - Telefon und Türklingel abstellen, wenn noch sonst jemand im Haus oder in der Wohnung ist, diese informieren oder Schild an die Tür hängen.
Wir setzen uns bequem hin. (Im Liegen schläft man gerne dabei ein.)
Wir achten darauf, dass die Kleidung schön locker ist (Hosen- oder Rockbund öffnen, Schuhe ausziehen, Kragen öffnen, Brille ausziehen).
Um Außengeräusche abzudämmen und auch um besser in die Entspannung zu kommen, empfiehlt es sich für Anfänger, eine schöne Meditationsmusik im Hintergrund laufen zu lassen. Später sollten Sie möglichst ohne äußere Hilfsmittel auskommen. Nun atmen wir einige Male tief ein und aus und wir schließen die Augen.
Wer Probleme mit dem Schließen der Augen hat, kann zu Beginn einen Punkt, den man bequem sehen kann, fixieren und solange sich auf ihn konzentrieren, bis die Augen fast von alleine zufallen.

Am besten konzentrieren wir uns dann zunächst nur auf unsere Atmung. Wir beobachten das Ein- und Ausatmen, ohne es aber bewusst zu steuern.

Um die Entspannung zu unterstützen, können wir das Wort "Ruhe" innerlich in uns hineinsprechen. Am besten wirkt es, wenn wir beim Einatmen die Silbe "Ru-" und beim Ausatmen die Silbe "-he" sprechen.

Wer solche Entspannungsübungen noch nie gemacht hat, der kann sie dadurch verbessern, dass er sich auf jedes einzelne Körperteil konzentriert und sich innerlich sagt, dass zum Beispiel "die Füße ganz locker und entspannt sind".

Wer nach einigem Üben noch Probleme damit hat, dem empfehle ich die Teilnahme an entsprechenden Kursen über Entspannung oder Autogenes Training.
In der Regel aber geht das Erlernen der Körperentspannung problemlos und recht schnell.

Durch diese Entspannung kommen wir also nun in den besagten
ALPHA-Zustand,
in dem die Informationen, die wir unserem Unterbewusstsein mitteilen wollen, besonders schnell tief und fest verankert werden.

Wichtig ist zunächst, dass die Entspannung wirklich ausreichend tief ist. Jeder wird dafür sehr schnell ein Gespür entwickeln.

Erwarten Sie aber bitte nicht, dass eine korrekte Entspannung nur dann eingetreten ist, wenn Sie nichts mehr aus Ihrer Umwelt mitbekommen. Viele meinen, es müsste irgendwie "klick" machen, man ganz "weg" sein müsste, man am besten noch irgendwelche Erscheinungen haben müsste. Dies alles hat nichts mit der Alpha-Phase zu tun.

Zum Beenden der Meditation holen Sie wieder ein paar mal tief Luft, bewegen langsam wieder ihre Hände und Füße, bewegen wieder den ganzen Körper, recken und strecken Sie sich, öffnen sie die Augen und sagen Sie sich innerlich, dass Sie wieder "ganz im Hier und Jetzt" sind.

Wie lange Sie meditieren, hängt einzig von Ihnen selbst ab - wie lange Sie sich Zeit nehmen wollen, wie lange es Ihnen Spaß macht oder welches "Programm" Sie in der Entspannung bewältigen wollen. Sie können also nur wenige Minuten meditieren, sie können aber auch eine Stunde oder mehr in der Entspannung zubringen.
Es gibt hier weder Zwang noch Empfehlungen. Sie werden sicher selbst eine Ihnen angenehme Dauer finden, passend zu den Inhalten, über die Sie meditieren wollen.

Und noch ein letztes Wort:

Die hier beschriebene Systematik ist der Grund dafür, dass die Religionen ein "verinnerlichtes" Beten verlangen, ein "in die Stille der Kirche kommen".

Wünsche sind wichtige
Wegweiser zu unserer
Lebensaufgabe,
unserer Berufung.

Wahre Erfüllung und
Selbstverwirklichung ist dem
Menschen nur möglich über die
Realisierung der in ihm
angelegten Wünsche und Ziele.

Dies entspricht seinem
Lebenssinn.

Ziele

"Bist du mit deinem heutigen Leben wirklich zufrieden? Wenn ja, dann bist du in Gefahr! Denn restlos zufrieden sein heißt, keine unerfüllte Träume haben. Und wenn wir zu träumen aufhören, beginnen wir zu sterben!" (Robert H. Schuller)

Klingt das für Sie etwas hart?

Wo wir doch alle gelernt haben, mit dem, was wir haben, zufrieden zu sein. Wo wir doch alle gelernt haben, uns "nach der Decke zu strecken" und nicht "aus dem Rahmen zu fallen". Wo es schon fast unanständig ist, angesichts der großen Not in vielen Teilen der Welt noch mehr haben zu wollen. Bescheidenheit hat man uns gelehrt und "nimm Dich nicht so wichtig!". Keine großen Zielen stecken, man könnte ja enttäuscht werden. Und um ja gar keine unnötigen Enttäuschungen zu erleben, besser gar keine Ziele setzen. Unumgängliche Enttäuschungen haben wir schließlich schon genug! Eigene Ziele gehen zudem immer zu Lasten der anderen. Wenn ich etwas will, muss ich es zunächst einem anderen wegnehmen.

Wissen Sie was?
Vergessen sie den ganzen Mist einfach! Am besten sofort!

Ziele sind tatsächlich das, was uns am Leben erhält. Einen Sinn erhält unser Leben nur, wenn wir Ziele haben. Ob wir uns darüber im Klaren sind oder nicht.

Stellen Sie sich bitte einmal Folgendes vor:

Sie stehen an einem Sonntagvormittag bei strömendem Regen knöcheltief in einem riesigen Schlammloch. Sie sind nass bis auf die Haut und die Erde, die Sie wegzuschippen versuchen, klebt fest an Ihrer Schaufel. Und Sie wissen, dass diese Arbeit den ganzen Tag so weiter gehen wird.

Ein schönes Bild, oder?
Sicher können Sie sich etwas Schöneres vorstellen, was Sie an einem verregneten Sonntagvormittag anstellen können. Diese Vorstellung erweckt in Ihnen also nicht gerade eine Hochstimmung.
Sie würden mich vermutlich fragen: "Wozu?"

Und da sind wir doch schon wieder bei Zielen.

Stellen Sie sich jetzt das gleiche Bild noch einmal vor, aber Sie wissen nun, dass Sie auf Ihrem eigenen Grundstück stehen. Sie sind gerade dabei, die Fundamente für Ihr lang ersehntes Eigenheim auszubessern. Durch den Regen sind die Ausschachtungen etwas zusammengefallen, und Montag Morgen kommt der Beton für das Fundament. Und plötzlich macht Ihnen das Ganze vielleicht sogar noch Spaß!
Es ist die gleiche Szene. Nur, dass wir das zweite Mal ein Ziel vor Augen haben.

In unserem Leben stehen wir aber - im übertragenen Sinn - doch allzu oft in irgend welchen Schlammlöchern, sind durchnässt und kaputt, und wir wissen nicht, wozu das Ganze.

Wie oft haben wir das Gefühl, keinen Sinn hinter bestimmten Dingen zu sehn. Wie oft merken wir, dass wir im Grunde nur so hin und her treiben in unserem Leben, ohne eigentlich eine Richtung zu haben. Im Ganzen gesehen.

Und mal ehrlich: Wann haben Sie sich das letzte Mal Ziele gesetzt, die Sie herausgefordert haben. Mit Zielen meine ich natürlich nicht das Vorhaben, mittags Pommes mit Ketchup essen zu gehen. Es darf schon etwas anspruchsvoller sein.
Ziele sind Aufgaben, die mich reizen, die mich interessieren, die wirklich in mir ein besonderes Gefühl auslösen. Ziele sind Visionen, sind Träume, deren Verwirklichung mich in eine absolute Hochstimmung versetzen.

Aber leider haben wir verlernt, solche Ziele zu haben.

Als wir das letzte Mal als Kind vielleicht die Absicht äußerten, später einmal Filmstar oder Weltmeister zu werden, so wurde uns dies wahrscheinlich mit dem - durchaus gut gemeinten - Ratschlag verdorben: "Du wirst auch noch sehen, wie schwer das Leben ist!".
Ja keine Probleme aufkommen lassen, das liebe Kind vor Misserfolgen bewahren!

Und so wurden wir dann im Laufe unseres weiteren Erwachsenwerdens zunehmend "realistisch", wir lernten Träume auch als solche zu behandeln und schleunigst von diesen "Schäumen" zu lassen.
Und heute stehen wir nun unseren Mann oder unsere Frau und wissen oft genug nicht, wozu.

Ich will Ihnen was sagen:

Ich glaube, dass diese **Träume, die wir früher so hatten, und die vielleicht heute immer wieder durchstoßen, ganz wichtige Wegweiser für unser Leben sind.**

Hier liegt das, was aus einem Beruf eine Berufung machen kann.
Auch wenn diese Träume noch so "unrealistisch" sind.
Hier liegt unser Potenzial, unsere Chancen, unsere Lebenserfüllung.

Oder wie Johann Wolfgang von Goehte es formulierte:

> *"Unsere Wünsche sind Vorboten*
> *desjenigen, was wir*
> *zu leisten imstande sind."*

Grenzen

"Niemals wird Dir ein Wunsch gegeben, ohne die Kraft, ihn zu verwirklichen!"

Hört sich gut an, oder?
Deshalb möchte ich diesen Satz wiederholen und Sie bitten, ihn nochmal wirklich verinnerlicht und mit großer Ernsthaftigkeit zu lesen.

"Niemals wird Dir ein Wunsch gegeben, ohne die Kraft, ihn zu verwirklichen!"

Es gibt auf unserer Erde nichts, was sinnlos ist.

Sehen Sie sich unsere Natur an. Wozu hätten wir in unserer Luft Sauerstoff, wenn es nicht Tiere und Menschen gäbe, die ihn brauchen. Umgekehrt genauso: wir hätten keine Tiere und Menschen, wenn es keinen Sauerstoff gäbe.
Wozu hätten wir Wasser und Regen auf diesem Planeten, wenn es nicht Tiere, Menschen und Pflanzen gäbe, die ihn brauchen.

Und genau so ist es unmöglich, dass Sie Wünsche haben, ohne die Möglichkeit, sie zu realisieren.

Was hätten sie wohl für einen Sinn? Und einen Sinn hat alles auf dieser Welt. Jedes Tier und jede Pflanze hat einen Sinn. Auch wenn wir ihn - zugegebener Maßen - oft erst erkennen, wenn wir die Tier- oder Pflanzenart ausgerottet haben.

Sie können jetzt vielleicht sagen, dass die Vergleiche hinken. Das mit dem Wasser und den Lebewesen. Wir hätten ja gar keine Lebewesen, wenn wir kein Wasser hätten.

Stimmt! Und genau so hätten wir keine Menschen, wenn es keine Ziele gäbe. Keine Lebensaufgaben, keine Berufungen, keine Wünsche.

Seien Sie also bei Ihren Zielen nicht zu bescheiden! **Sprengen Sie Grenzen!**

"Wir alle leben in festen Grenzen, die uns aufgrund unserer Herkunft, unserer Intelligenz, der Gesetze, unseres Geldes, unserer Beziehungen gesetzt sind. Aus diesen Grenzen gibt es kein Entkommen".

So, oder so ähnlich wird uns immer wieder von den verschiedensten Seiten "geraten", uns mit dem Wenigen, was wir haben, zufrieden zu geben.

Vergessen Sie es!

Wir sind keinen Grenzen unterworfen. Höchstens denen, die wir uns selber setzen (oder die uns halt von außen aufgedrückt werden).

Was gab es nicht schon alles für Grenzen, die nach den Naturgesetzen, nach den Erfahrungen oder wonach sonst noch allem, nie überwunden werden konnten. Und die heute doch schon lange hinter uns liegen.

Beim 100 m Sprint der Männer war es über Jahrzehnte nicht möglich, diese Strecke in einer Zeit von 10,0 Sekunden zu laufen. Und man hat aus dieser Tatsache sogar eine Wissenschaft gemacht. Man hat doch tatsächlich "wissenschaftlich" bewiesen, dass diese Leistung auch wirklich unmöglich ist.
Angefangen bei den Trägheitsgesetzen, den sportwissenschaftlichen Erkenntnissen über Schnellkraftleistungen der Muskulatur, Kontraktionsgeschwindigkeit, Kraft-Masse-Verhältnis bis hin zum Luftwiderstand, alle Komponenten ergaben eindeutig, dass es einfach nicht möglich sei, die 100 m in 10,0 Sekunden zu schaffen.

Bis einer kam und an den ganzen wissenschaftlichen "Zauber" einfach nicht glaubte, der sich über alles hinwegsetzte und das Ziel hatte, diese "Schallmauer" zu durchbrechen, Armin Hary. Heute weiß jeder Spitzenathlet, dass dies möglich ist, er kann also auch sein Training auf die bessere Zeit einstellen.

Oder nehmen wir Reinhold Messner, **den** Bergsteiger:

Vor seiner ersten Besteigung eines Achttausenders ohne Sauerstoffgerät bescheinigten ihm zahlreiche Mediziner, dass er dieses Unternehmen nie überleben würde, andere sprachen von enormen Gehirnschädigungen durch die mangelnde Sauerstoffversorgung.
Sein Glaube an die Unbegrenztheit der menschlichen Leistungsfähigkeit jedoch gab ihm Recht.
Noch heute erfreut er sich bester Gesundheit und unternimmt noch immer "unmögliche" Abenteuer.

Oder nehmen wir Hubert Schwarz, den "Bayer des Jahres" 2001.

Der sympathische Extremsportler hat im Jahre 2000 einmal die Erde umrundet - mit dem Rad!

Oder gehen Sie doch einfach 'mal in den Zirkus:
Was dort die "Schlangenmenschen" vorführen, ist allein vom Aufbau des menschlichen Skelettes her nicht möglich. Und dennoch tun sie es.

Es gibt in der Tat keine Grenzen!

Auch wenn wir versuchen, den Kosmos nach oben hin, oder den Micro-Kosmos nach unten zu untersuchen, wir können einfach keine Grenzen erreichen, als die, die uns durch unsere Beobachtungsinstrumente gesetzt sind.

Und da liegt häufig "der Hase im Pfeffer".

Nicht unsere Welt ist begrenzt, nicht unsere Möglichkeiten sind es, nicht wir sind es, sondern einfach unsere Wahrnehmung diesbezüglich.

Wir müssen einfach anerkennen, dass es jenseits unserer fünf Sinne auch noch unendlich viele Dinge gibt, die wir halt nicht sehen, hören, riechen, fühlen oder schmecken können.
Viele Bereiche konnten wir uns ja schon durch die technischen Errungenschaften erschließen.

Aber auch darüber hinaus gibt es keine Grenzen.

Beginnen auch Sie ab sofort, ohne Grenzen zu denken!

Auch politische Grenzen können nur fallen, wenn jemand beginnt, sich das Land ohne diese vorzustellen. Wieviel Glauben, wieviel Kraft muss allein hinter der Vorstellung gesteckt haben, sich die ehemals innerdeutsche Grenze "wegzudenken".
Aber es hat funktioniert, trotz widrigster Bedingungen.

Es gibt eine schöne Geschichte diesbezüglich:

Ein Bauer bot auf dem Markt einen Kürbis an, der genau die Form eines Kruges hatte. Auf die Frage, wie er denn eine solche Form züchten konnte, sagte er, er hätte über die damals noch kleine Pflanze einen Krug gestülpt.
Und der Kürbis ist also in den Krug hineingewachsen, hat die ganze Form ausgefüllt und hat dann - was sollte er auch anderes tun - mit dem Wachsen aufgehört.
Zum Ernten zerschlug der Bauer den Krug und konnte so das Prachtstück zum Verkauf anbieten.

Aber auch wir haben durch unsere Begrenzung häufig einen solchen Krug übergestülpt. Wir können also nur bis zu einer ganz bestimmten Größe und Form wachsen.

Ich verwende auch gerne das Bild eines Gartenzaunes, den wir um uns herum haben und der unsere Bewegungsfähigkeit einengt.
Verschieben Sie den Zaun so weit von sich weg, wie Sie wollen.
Vielleicht werfen Sie ihn ja auch ganz zum Müll.

Wehren Sie sich gegen jede Art der Beschränkung, seien Sie grenzenlos.

Wenn Sie jetzt innerlich aufschreien, wenn Sie jetzt protestieren gegen diese Grenzenlosigkeit, kann ich das sehr gut verstehen. Wir alle sind mit diesem "Grenzen-Denken" aufgewachsen.
Und wenn Sie jetzt sagen, dass man aber doch realistisch bleiben müsste, dann kann ich auch das verstehen.

Aber überlegen Sie doch einmal, wie "realistisch" waren denn die großen Denker und Erfinder unserer Weltgeschichte.
War es realistisch für einen Menschen des Mittelalters zu fliegen?
War es realistisch, einem Menschen ein fremdes Herz einzupflanzen?
War es realistisch, dass in Deutschland die Mauer fällt?

"Real", wahr ist für uns das, was wir wahr-nehmen können. Aber diese Wahrnehmung ist eben beschränkt: durch unsere fünf Sinne, durch unsere technischen Mittel und schließlich durch unsere gefilterte Wahrnehmung.

Natürlich gibt es Dinge, die wir nicht so ohne Weiteres verändern können! Aber diese würden Sie sich nie zu ändern vornehmen. (Zumindest nicht, wenn es wirklich ein eigener, persönlicher Wunsch ist!)

Seien Sie deshalb mutig, das "Unmögliche" möglich zu machen!

Und dieses "Unmögliche" ist sehr viel möglicher, als Sie vielleicht denken.

Um sich dies selbst zu beweisen, können Sie folgende Übung ausführen:

Es geht darum, die maximale Dehnfähigkeit Ihrer Oberkörper-Muskulatur und der Sehnen und Bänder zu testen.

EINFACH MITMACHEN

Stellen Sie sich auf einen Platz, wo Sie bei ausgestreckten Armen ringsum genügend Bewegungsfreiheit haben, ohne irgendwo anzustoßen. Um sich auf die eigentliche Übung vorzubereiten, sollten Sie zunächst einmal den Oberkörper locker links und rechts herum drehen. Die Füße bleiben dabei fest am Boden stehen. Die Bewegung kommt als nur aus der Hüfte.

Machen Sie nun bitte Folgendes: Strecken Sie den rechten Arm nach vorne und zeigen Sie mit dem Zeigefinger in Augenhöhe nach vorne, als ob Sie jemandem etwas weit Entferntes zeigen wollten. Drehen Sie nun den Oberkörper samt Arm nach rechts herum. Die Füße bleiben natürlich fest am Boden stehen. Sehen Sie bitte dabei immer über Ihren ausgestreckten rechten Zeige-finger, wie wenn Sie mit einem Gewehr zielen würden. Wenn Sie so weit gedreht haben, wie sie maximal können, merken Sie sich bitte die Stelle, die Sie mit Ihrem Finger anvisiert haben.

Wiederholen Sie nun die Übung ein zweites Mal. Da Sie nun etwas vorgedehnt sind, werden Sie wahrscheinlich etwas weiter kommen als beim ersten Versuch.

Wenn Sie glauben, es noch weiter schaffen zu können, können Sie die Übung gerne noch ein drittes Mal wiederholen.

Sie haben nun also die maximal mögliche Drehweite Ihres Oberkörpers ermittelt.

Schauen Sie sich nun nochmals die Stelle im Raum an, die Sie als letztes mit dem Finger anvisiert haben, den maximal erreichbaren Punkt also. Suchen Sie sich nun einen Punkt heraus, der weiter liegt als Ihr Maximum, einen Punkt also, der ein gutes Stück dahinter liegt, einen Punkt, den Sie aufgrund Ihrer eben ermittelten Dehnungsfähigkeit nicht erreichen können.

Schließen Sie nun die Augen und stellen sich einfach vor - ohne es tatsächlich zu tun - Sie würden die Übung nun wiederholen und nun würden Sie den neuen Punkt sogar erreichen.

Und nun probieren Sie die Übung wirklich noch einmal. Gehen Sie in die gleiche Ausgangsstellung wie eben, und drehen Sie wieder den Oberkörper nach rechts.

Praktisch alle Teilnehmer, mit denen ich diese Übung gemacht habe (und das sind in der Zwischenzeit eine ganze Menge!) haben bei diesem letzten Durchgang den neuen Punkt, der eigentlich nicht mehr möglich war, tatsächlich erreicht.

Ein schöner Beweis dafür, dass uns wirklich keine Grenzen gesetzt sind, außer denen, die wir uns selber setzen.

Potenzial-Analyse

Wenn Sie möchten, können Sie hier nun einmal Ihre persönlichen Potenziale herausfinden - sinnvollerweise aber gleich für alle wichtigen Lebensbereiche.
Unser Leben sollte sinnvollerweise auf mehreren Säulen stehen. Und nach meinem dafür Halten auf fünf Säulen.

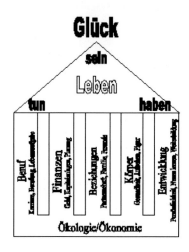

Die erste Säule ist das Thema **Beruf**.
Dazu gehören Karriere, aber auch Berufung und die Lebensaufgabe. Viele, gerade karriereorientierte Menschen, begehen den Fehler, dass dies die einzigste Säule ist, auf die sie sich stützen. Alles wird dem Beruf untergeordnet. Dies führt sehr oft dazu, dass diese Menschen im Beruf zwar erfolgreich, aber in anderen Bereichen wiederum nicht erfolgreich sind.

Der zweite Punkt ist das Thema **Finanzen**.
Natürlich verdienen wir mit unserem Beruf unser Geld, aber wir sollten dem Bereich Finanzen gesonderte Aufmerksamkeit zuwenden. Viele Menschen geben regelmäßig mehr Geld aus, als sie

verdienen und wundern sich dann, dass sie nie zu etwas kommen. Und gerade in unserer heutigen Zeit, wo praktisch keiner mehr damit rechnen kann, dass er eine Rente bezieht, die seinen gewohnten Lebensstandard aufrecht erhalten kann, ist es um so wichtiger, sich über seine Finanzen Gedanken zu machen. Hierfür verweise ich auch auf die entsprechende Literatur im Anhang. In diesen Bereich fällt das Thema Geld, Kapitalanlagen und langfristige Anlagen.

Die dritte Säule ist das Thema **Beziehungen**.
Hier steht ganz oben die Partnerschaft, die Familie, aber auch Freunde und Kollegen. Wir müssen unsere Beziehungen pflegen, um sie am Leben zu erhalten. Gerade wenn man karriereorientiert ist, vergisst man ganz oft die persönlichen Beziehungen. Man pflegt seine Partnerschaft nicht mehr, so nach dem Motto: "Ich bin ja schon verheiratet." Aber genau wie ein Muskel, den man nicht pflegt, den man nicht trainiert und nutzt, verkümmert - denken Sie an ein Bein, das nach sechs Wochen Gips wieder zum Vorschein kommt- , genau so verkümmert auch eine Partnerschaft, die ich nicht pflege. Natürlich ist es nicht möglich, den gleichen zeitlichen Aufwand in eine Partnerschaft, wie in den Beruf zum Beispiel zu investieren. Aber es geht hier mehr um den Fokus, um die Aufmerksamkeit, einfach darum, einen Blick darauf zu haben, sich wirklich aktiv darum zu kümmern.

Die vierte Säule ist unser **Körper**.
Hier zum Thema Gesundheit, Aussehen und Figur. Interessanter Weise hat die moderne Medizin festgestellt, dass der menschliche Körper auf sage und schreibe 120 Jahre ausgelegt ist - vorausgesetzt, wir ernähren ihn vernünftig, wir bewegen ihn physiologisch ausreichend, wir verzichten weitgehend auf Gifte wie Nikotin und übermäßigen Alkohol, und haben eine positive seelische Grundeinstellung. Viele Menschen behandeln ihr Auto besser als ihren Körper. Viele gehen mit ihrem Körper um, als ob sie noch einige Ersatzkörper zu Hause liegen hätten. Man weiß in der Zwischenzeit, dass der Abfall der Leistungsfähigkeit mit den Jahren weniger mit fortschreitendem Alter, als viel mehr mit falscher Pflege und Behandlung zu tun hat.

Die letzte, fünfte Säule ist das Thema **Entwicklung**.
Also, das Lernen von neuen Dingen, die Weiterbildung, oder einfach die Entwicklung unserer Persönlichkeit. Wenn in der Natur etwas nicht mehr wächst, stirbt es. Wenn ein Baum nicht mehr wächst, stirbt er. Auch bei uns Menschen gibt es immer Dinge, die wachsen. Sicher nicht in der Größe, aber unsere Haare und Fingernägel wachsen so lange wir leben. Und somit ist auch das innere, das geistige, seelische Wachstum ein ganz natürlicher Prozess. Achten wir darauf, dass wir diesen Prozess aktiv unterstützen, indem wir uns immer weiterentwickeln.

Und wenn wir alle fünf Säulen aktiv angehen, dann steht unser Leben auf festem Grund.
Wenn fünf Säulen da sind, dann kann ruhig mal eine wackeln. Es sind noch andere vier Säulen da, die unser Leben tragen. Diejenigen, die nur eine Säule haben, nehmen wir das Thema Beruf, die werden natürlich bei Problemen in diesem Bereich ganz schnell aufgeben.

Aber dennoch ist es natürlich so, dass sich die einzelnen Säulen gegenseitig bedingen, dass sie quasi unten **miteinander verbunden** sind.

Und das ist ähnlich wie bei unserer Hand. Sie haben zwar fünf Finger an einer Hand, wenn sie aber auf einen Finger mit einem Hammer drauf hauen, sagen sie auch nicht: "Macht nichts, ich habe ja noch vier." Es tut schlicht und ergreifend verdammt weh. Und so ist es auch im Leben. Wenn nur eine Säule Probleme macht, werden in der Regel alle anderen dadurch in Mitleidenschaft gezogen. Auch deshalb sollten wir zusehen, alle Bereiche unseres Lebens gleichmäßig zu beachten.
Und die Basis dafür ist **ökologisches** und **ökonomisches** Arbeiten. Ökologisches Arbeiten im Sinne nicht nur für die Natur, sondern im Sinne von "zum Wohle aller Beteiligten." Denken sie daran: es kommt alles wieder. Tun sie deshalb nur Dinge, die allen Menschen nutzen.

Und ökonomisch heißt, mit möglichst wenig Aufwand den größtmöglichen Nutzen erzielen. Und den Prozess, den wir hier besprechen, ist zumindest meines Wissens das Wichtigste, was sie tun können, um mit möglichst wenig Aufwand quasi automatisch zum Ziel zu kommen.

Und das Leben besteht ja im Grunde aus drei Bereichen. **Sein, tun** und **haben**. In unserer Gesellschaft wollen die meisten Menschen zunächst einmal etwas **haben**, um dann damit etwas zu **tun** und dann **sind** sie wer. Nur all zu oft machen wir die Erfahrung, dass das nicht funktioniert. Wir müssen nämlich beim **Sein** beginnen. Innen, in unserer Psyche, ein neues Bild, ein neues Zielbild erstellen, und aus diesem inneren Sein, aus diesem inneren Bewusstsein heraus **tun** wir dann andere Dinge, und dann kommt das **Haben** automatisch hinterher.

Und wie Sie aus der Grafik ersehen, ist das Ziel all dessen, was wir tun, schlicht und ergreifend **Glück**. Wenn sie sich selber einmal hinterfragen, warum sie bestimmte Dinge haben oder tun wollen, oder irgendwie oder irgendetwas sein wollen, und wenn sie dann oft genug "warum?", "warum?", "warum?" fragen, werden Sie irgendwann dahin kommen, dass sie sagen: um **glücklich zu sein**.

Ziel all unseres Strebens, all unserer Handlungen, ist letztendlich das Glück.

Und wenn wir unser Leben auf diese fünf Säulen stellen, wenn wir uns in jedem Bereich Ziele setzen, dann wird Glück - im Sinne von glücklich sein - etwas werden, was mehr und mehr zu unserem Alltag gehört.

Kommen wir nun zu der Potenzialanalyse.

Auf den nachfolgenden Seiten sehen sie fünf verschiedene Bögen zum Ausfüllen.

EINFACH MITMACHEN

Die ersten Drei tragen die Überschrift:
sein, tun und **haben**.

Der Erste: Fragen Sie sich mal, **was oder wie Sie gerne wären**. Und das bitte natürlich zu den fünf Lebensbereichen: Beruf, Finanzen, Beziehungen, Körper und Entwicklung.
Der Zweite, **was Sie gerne täten**, der Dritte, **was Sie gerne hätten**. Ebenfalls wieder aufgeteilt auf die Lebensbereiche.
Denken Sie daran: Wünsche sind die Vorboten unserer Fähigkeiten. Was wir also sein, tun oder haben wollen hat sehr wohl mit unseren Potenzialen zu tun.

Es geht bei diesen Listen nicht darum, nur Dinge aufzuschreiben, die nach heutigem Stand realistisch sind. (Denken Sie an das Thema "Grenzen"!) Es geht zunächst einmal darum, dass Sie Ihre Wünsche auflisten. Was sie später damit anfangen, liegt ganz bei Ihnen.

Die vierte Liste heißt: **Dinge, die ich gut kann**. Auch das sind natürlich Hinweise auf unser Potenziale.
Überlegen Sie sich einmal Dinge, die Sie wirklich gut können. Und dabei muss dieses "gut können" nicht von allen Menschen als gut bezeichnet werden.

Ein Beispiel hierzu:
Meine Kollegin Vera F. Birkenbihl hat einmal erzählt, dass sie als Jugendliche sehr darunter gelitten hat, dass sie so viel gesprochen hatte. Gelitten hat sie deshalb darunter, weil sie auf keine Party mehr eingeladen wurde, weil sie regelrecht gemieden wurde von ihren Altersgenossinnen und -genossen. Bis eines Tages ein Onkel von ihr sie zur Seite nahm und ihr erklärte: "Du, zwei Dinge dazu: Einmal, wer beschwert sich denn darüber, dass du so viel redest. Sind es diejenigen, die selber nichts sagen, oder sind es diejenigen, die selber auch viel sagen wollen, aber bei dir nicht zu Wort kommen?" Und in der Tat waren es mehr die zweite Gruppe.

Und der zweite Punkt - und das war das Wichtige - er sagte: "Viel reden zu können vor Gruppen, vor Menschen einfach etwas sagen zu können, ist eine tolle Begabung, ist ein Potenzial, das viele Menschen nicht haben." Und da hat es bei ihr "klick" gemacht. Und heute bekommt sie sehr viel Geld dafür, dass sie viel redet.

Also nochmal, Dinge, die sie gut können, müssen nicht von allen als gut bewertet werden.

Und noch ein Punkt: Bilden Sie sich bitte nicht ein, dass Sie nichts gut können. Das muss nichts Großartiges sein. Gut zuhören können ist eine tolle Fähigkeit. Einen Haushalt zu führen, Kinder groß zu ziehen sind Dinge von unschätzbarem Wert.

Die letzte Liste heißt: **Dinge, die mir Spaß machen**. Überlegen sie einmal, was Ihnen wirklich Spaß macht, woran Sie Freude haben, worin Sie aufgehen. Auch das sind Hinweise darauf, wo unsere eigentliche Berufung liegt.

Wenn Sie diese Listen dann ausgefüllt haben, dann untersuchen Sie doch einmal, ob sich aus allen aufgelisteten Punkten **bestimmte Schwerpunkte** bilden lassen. Vielleicht ergeben sich auch neue **Überbegriffe**, neue Ziele, in die andere plötzlich hineinpassen. Diese sind dann in Richtung Lebensziele, Berufung einzustufen.

Wie/Was ich gerne wäre!

Beruf:

_____

_____

_____

_____

Finanzen:

_____

_____

_____

_____

Beziehungen:

_____

_____

_____

_____

Körper:

_____

_____

_____

_____

Entwicklung:

_____

_____

_____

_____

Was ich gerne täte!

Beruf:

_____

_____

_____

_____

Finanzen:

_____

_____

_____

_____

Beziehungen:

_____

_____

_____

_____

Körper:

_____

_____

_____

_____

Entwicklung:

_____

_____

_____

_____

Was ich gerne hätte!

Beruf:

_____

_____

_____

_____

Finanzen:

_____

_____

_____

_____

Beziehungen:

_____

_____

_____

_____

Körper:

_____

_____

_____

_____

Entwicklung:

_____

_____

_____

_____

Dinge, die ich gut kann

1._____

2._____

3._____

4._____

5._____

6._____

7._____

8._____

9._____

10._____

11._____

12._____

13._____

14._____

15._____

Dinge, die mir Spaß machen

1._____

2._____

3._____

4._____

5._____

6._____

7._____

8._____

9._____

10._____

11._____

12._____

13._____

14._____

15._____

Eigene, persönliche Ziele:

Wenn Sie nun also Ihre Listen ausgefüllt haben, wenn Sie Überbegriffe gefunden haben, wenn Sie wirklich grenzenlos waren, dann
haben Sie nun schon einen einigermaßen guten Überblick über das,
was Sie in Ihrem Leben noch so alles erreichen wollen.

Sie wissen aber nun immer noch nicht, welche dieser Wünsche nun
Ihrem persönlichen Lebensplan entsprechen und welche im Laufe
Ihres Lebens nun von außen in Sie hineingelegt wurden.

Machen Sie bitte einfach Folgendes:

*Setzen Sie sich hin, entspannen Sie sich
(wie zu einer Meditation) und erleben
Sie innerlich die Erfüllung Ihrer Wünsche. (Dies ist im Grunde der gleiche
Vorgang wie zu Neu-Programmierung,
hier hat er aber eine andere Absicht.)
Nehmen Sie jeden einzelnen Punkt und
sehen Sie sich, nachdem Sie sich diesen
Wunsch erfüllt haben. Tun Sie so, als ob
es bereits so wäre.*

EINFACH MITMACHEN

*Und gehen Sie nun bitte in alle Details hinein, erleben Sie alles,
was mit diesem Ziel in Verbindung steht.*

*Sie werden nun zwangsläufig auch Dinge bemerken, die weni-
ger positiv sind, die Sie aber in der ersten Begeisterung übersehen hatten. Und versuchen Sie, diese negativen Seiten einmal
ganz bewusst herauszufinden. Woran haben Sie in Bezug auf
dieses Ziel noch nicht gedacht?*

Durch diese einfache Übung können Sie sich mit **allen** Folgen Ihrer
Ziele vertraut machen. Häufig vergessen (oder verdrängen) wir die
negativen Seiten einer Sache. Aber erst, wenn Sie alle Vor- und

167

Nachteile kennen, können Sie abwägen, ob Sie sich den Wunsch immer noch erfüllen wollen.

Es ist sicherlich schick, einen tollen Sportwagen zu fahren. Und er hat sicherlich seine guten Seiten, die man sich - unterstützt durch Werbung und Gesellschaft - immer wieder vor Augen hält. Wenn Sie bei der Übung eben aber bemerkt haben, dass Sie mit diesem Wagen alle 400 km zur Tankstelle müssen und dort richtig viel Geld loswerden, wenn Sie die anfallenden Versicherungen und Steuern plötzlich als Rechnung vor sich gesehen haben, wenn Ihnen die Inspektions- und Reparaturkosten auf den Magen schlagen, dann haben Sie alle Informationen, um eine Entscheidung zu treffen.

Wenn ein Ziel tatsächlich ein persönliches Ziel ist, ein Ziel, das etwas mit Ihrer Lebensaufgabe, mit Ihrer Berufung zu tun hat, dann werden Sie entweder keine negativen Seiten finden oder Sie werden Sie bewusst akzeptieren können.

Wenn Sie etwas geübt sind mit dieser Art, die Wünsche einzuordnen, dann wird auch Folgendes passieren:

Wenn Sie sich eines Wunsches bewusst werden, stellen Sie ihn sich als bereits erfüllt vor. Und bereits in diesem Moment werden Sie das Gefühl erleben, das Sie vielleicht schon so oft erlebt haben. Sie werden merken, ob Sie die Erfüllung dieses Wunsches befriedigt, ob es sich gelohnt hat, den Weg zu gehen und die Anstrengungen auf sich zu nehmen, oder aber dass es eben doch wieder kein wirklicher, persönlicher Wunsch war.

Hierdurch werden Sie innerhalb kürzester Zeit in der Lage sein, die "Richtigen" von den "Falschen" zu unterscheiden und somit Ihr Leben immer schneller in Richtung Berufung zu lenken.

Ziel - nicht Weg!

Achten Sie bei der Zielformulierung auch bitte darauf, dass Sie wirklich nur das **Endziel**, das, was dabei heraus kommen soll, anvisieren. Wir neigen aufgrund unserer logisch-rationalen Erziehung dazu, Wege vorwegnehmen zu wollen. Sobald uns ein Ziel in den Sinn kommt, sagen wir uns vielleicht: "Wie soll das denn gehen?" und verwerfen das Ganze wieder. Dabei können wir mit unserem - im Verhältnis gesehen - kleinen Verstand gar nicht alle Möglichkeiten erkennen.

Versuchen Sie also, sich das Ziel und nicht die notwendigen Schritte vorzunehmen.

Wenn Sie sich ein Haus wünschen, dann sehen Sie auch bitte immer nur das Haus, in allen Einzelheiten, nachdem Sie bereits darin wohnen. Sehen Sie nicht das Geld, das Sie dafür brauchen, die Kredite, die Bürgschaften, die Arbeiter oder was sonst noch zu dem Weg gehört.
"Glaubet, dass Ihr empfangen habt, und Ihr werdet empfangen!" steht in der Bibel. Tun Sie so, als ob alles schon so wäre - zumindest in der Vorstellung.
Es gibt so viele Möglichkeiten, wie Sie zu Ihrem Traumhaus kommen können. Mehr, als Sie sich vielleicht erträumen.

Ich möchte Ihnen hierzu eine kleine Geschichte erzählen, die mir persönlich passiert ist:

Ich hatte lange Zeit den Wunsch, mir in Südfrankreich ein Haus am Meer zu kaufen. Vom logischen Standpunkt aus ein damals sinnloses Unterfangen. Ich hatte mich gerade als Trainer selbständig gemacht aus einer Tätigkeit, in der ich eher schlecht verdiente, und das mit Frau und 2 Kindern. Alles vorhandene (und nicht vorhandene) Geld wurde in den Neubeginn gesteckt.

Dessen ungeachtet ging ich dennoch daran, mir dieses Ziel in meiner täglichen Meditation vorzustellen.
Ich sah mich dort leben und arbeiten. Ich sah, wie ich auf meinem Rasen hinter dem Haus direkt am Meer saß und Seminarunterlagen bearbeitete. Ich sah das Haus ganz genau, in allen Einzelheiten. Die Lage, die Größe, die Aufteilung der Zimmer, die Inneneinrichtung, den Swimmingpool, einfach alles, was ich mir so erträumte. Ich sah es so genau, dass ich sogar Pläne davon zeichnete, die ich ganz stolz meiner Frau präsentierte.

Hier "lebte" ich ca. 10 Minuten täglich, intensiv und mit einem guten Gefühl im Bauch. (Kunststück! Bei einem solchen Haus!)

Dies ging ca. 3 Monate und die Sommerferien standen vor der Tür. Eigentlich hatten wir etwas ganz anderes vor, aber irgendwie ergab es sich, dass wir wieder nach Südfrankreich ans Meer fuhren. (Camping kam unseren Kindern und unserem Geldbeutel entgegen!)

Da ich in der Zwischenzeit schon ganz gut auf dieses Haus programmiert war, sagte ich meiner Frau spontan, ich müsse noch einige "gute Kleider" mitnehmen. Ich wollte mich schon einmal in der Immobilienszene dort umsehen, und Villen am Meer in Bermuda-Shorts und Badelatschen zu besichtigen ist vielleicht für Touristen, nicht aber für potentielle Käufer sinnvoll.
Meine Frau stimmte zu - obwohl sie unseren Kontostand kannte. Sie kannte aber auch die Wirkungsweise der Psyche.

Im Süden - genauer in St. Tropez - angekommen, überkam mich nach einigen Tagen der Tatendrang. Also stieg ich in die mitgebrachten "Sonntagshosen" und in den Wagen, um mich auf die Suche zu begeben. Der Strand von St. Tropez liegt nun etwas außerhalb des Städtchens und so musste ich noch einige Kilometer fahren. Ich hatte beschlossen, mich ganz nach meinem Bauch, meiner Intuition zu richten. Und so fuhr ich auch an vielen Immobilienbüros, die auf dem Weg lagen, achtlos vorbei.

170

In St. Tropez angekommen, spazierte ich zunächst einmal zum Hafen, um die Atmosphäre zu genießen: die großen Yachten, die promenierende Schickeria und den köstlichen Milchkaffee. Nachdem ich vielleicht eine halbe Stunde in einem Straßenkaffee gesessen war, marschierte ich - immer noch mit einem Ohr "am Bauch" - einfach los.

Nach ca. 50 Metern stand ich in einer ganz kleinen Straße vor einem ganz kleinen Immobilienbüro. Darin stand ein ganz kleiner Tisch mit zwei ganz kleinen Stühlen. Auf den ersten Blick sicherlich kein passender Ort, um ein ganz großes Haus zu finden. Ich ging dennoch hinein.

Drinnen saß eine Frau, der ich erklärte, was ich denn so suchte.

"Am Meer!", wiederholte sie meine Ausführungen, "sehr schwer! Was darf es denn kosten?"
Diese Frage hatte ich befürchtet, doch mit einer grandiosen inneren Sicherheit sagte ich, dass es mir mehr darauf ankäme, was man denn bekäme. Der Preis wäre mir also zunächst einmal egal.
(Kunststück! Wenn man kein Geld hat, ist es natürlich egal, was etwas kostet!)

Sie kramte nun in Ihren Unterlagen herum (diese bestanden aus erwartungsgemäß ganz kleinen Karteikästchen) und schüttelte ständig den Kopf, wobei sie immer "sehr schwer, seeehhhr schwer!" murmelte.
Plötzlich jedoch hellte sich Ihr Gesicht auf und sie zog triumphierend eine Karte hervor.
"Das könnte etwas für Sie sein!"

Wir verabredeten uns - ohne vorher weitere Einzelheiten zu besprechen - für den gleichen Abend, um das Haus gemeinsam zu besichtigen.

Dort angekommen fiel ich innerlich quasi in Ohnmacht.
Mein Haus!

Ein Haus, das ich mir ersponnen hatte. Das ich niemals zuvor gesehen hatte. Die Lage, die Form des Hauses, die Aufteilung der Räume, selbst der offene Kamin stand an der gleichen Stelle, an der ich ihn in meinen Plänen eingezeichnet hatte. Einige Details waren anders, aber nichts fehlte wirklich. Selbst die Einliegerwohnung mit dem Hausmeisterehepaar (man gönnt sich ja sonst nichts!) war da. Nur hießen sie anders als in meiner Vorstellung, aber sie waren da, in Fleisch und Blut. Ich war - wie Sie sich vorstellen können - fix und fertig.

Nach Außen versuchte ich Ruhe auszustrahlen, inspizierte mit gezücktem Block und Kuli alle Räume, machte Notizen und fand zum Abschied "das Objekt ganz interessant und ich würde es mir überlegen".
Zurück am Campingplatz war ich außer mir.
Ich hatte mir ein Haus erdacht. Ich hatte mir ca. 3 Monate intensiv täglich ca. 10 Minuten lang vorgestellt, dass ich darin wohnen würde. Und jetzt hatte ich es bei meinem ersten Versuch, beim ersten Makler, bei der ersten Besichtigung tatsächlich gefunden!
Ich hatte ja schon viel erlebt mit diesem Thema, aber so extrem!

Natürlich unterrichtete ich meine Frau sehr genau und wir beschlossen, am darauffolgenden Tag gemeinsam hinzufahren. Ich wollte einfach 'mal mit dem Hausmeister reden und das Haus wie eine Trophäe meiner Frau präsentieren.
Ich hatte mir einige Fragen für das Gespräch überlegt. Ich musste am Tag drauf nicht eine stellen. Der gute Mann erzählte von sich aus alles, was ich wissen wollte.

Besitzerin des Hauses war eine damals 83-jährige Dame aus Paris, die das Haus aus gesundheitlichen Gründen nicht mehr benutzt und es deshalb verkaufen will. Neben der Adresse und

172

der Telefonnummer gab er mir noch mit auf den Weg, dass die Frau das Haus selbst erst vor einigen Jahren geerbt und dafür - in Frankreich so üblich - 50 % Erbschaftssteuer gezahlt hat.

Ach ja, Geld. Das Haus sollte die Kleinigkeit von umgerechnet 2,5 Millionen Euro kosten. (Aber egal, wenn man eh nichts hat.)

Nach dem Urlaub wieder zu Hause angekommen telefonierte ich zunächst mit Paris. Ja, sie habe schon gehört, dass ich mich für das Haus interessiere, und ich könne gerne einmal vorbeikommen.

Gesagt, getan. Also fuhr ich nach Paris.
Und dort legte ich die Karten auf den Tisch: Ich, kein Geld. Aber das, mein Haus!

Ich erzählte der netten, etwas gebrechlichen Dame die ganze Geschichte, so, wie sie sich zugetragen hatte.

Sie war zunächst einmal sehr traurig darüber, dass ich kein Geld hatte. Und das sicherlich nicht aus verkäuferischen Gründen. Sie fand mich - wie sie mir bestätigte - sehr sympathisch, sie war begeistert, dass ich Kinder hatte, sie mochte mich einfach.

Sie fragte, was ich denn anzahlen könnte. Und dies ist um so erstaunlicher, wenn man weiß, dass sie einige Wochen zuvor einen potentiellen Käufer abgewiesen hatte, der bei einem Nachlass von nur 75.000,- Euro (bei 2,5 Millionen Kaufsumme!) sofort gekauft hätte.

Nun, hier ist die Geschichte auch schon fast zu Ende.

Ich habe das Haus bis heute nicht in meinem Besitz. Ich habe aber inzwischen auch andere Ziele. Nicht mehr das Meer, eher die Berge haben es mir angetan. (Ich lebe seit einigen Jahren mit meiner Familie im Kleinwalsertal)

Aber der Clou hier ist: Die Frau hat keine Erben. Wenn Sie stirbt, fällt das Haus an den Staat: Und der hat schon 50 %. Das kann sie nicht wollen!

Es besteht die Chance, dass sie - wenn sie das Haus noch in ihrem Besitz hat - irgendwann Torschlusspanik bekommt und das Haus einfach verschenkt. Und sie hat meine Adresse!

Eine verrückte Geschichte! Aber wahr!

Wie läuft so eine Geschichte denn normalerweise ab?
Man hat einen Wunsch: ein Haus am Meer!
Man überprüft die Möglichkeiten und stellt fest: kein Geld!
Und das war's dann!

Fragen Sie nie danach, wie Sie etwas bekommen können. Ihr Unterbewusstsein ist so unendlich klüger wie Sie. Sagen Sie ihm einfach, was Sie wollen.

Und dieses "einfach sagen, was Sie wollen" ist ein zentraler Punkt. Das einzige - und das meine ich jetzt ganz ernst - was Sie im Leben wirklich tun müssen, ist Ihrem Unterbewusstsein unmissverständlich zu sagen, was Sie haben wollen.

In der Bibel steht hierfür:

"Bittet und Ihr werdet empfangen. Klopfet an und es wird Euch aufgetan."

Aber Sie müssen schon bitten! Sie müssen schon anklopfen!

Natürlich ist es damit allein nicht getan. Aber es ist die Grundvoraussetzung für den Erfolg. Wenn Sie nicht sagen, was Sie haben wollen, dürfen Sie sich nicht beschweren, wenn Sie nichts bekommen.

Wenn Sie nicht selbst bestimmen, wo es hingehen soll, bestimmen es eben andere.
Wenn Sie nicht selbst leben, werden Sie gelebt.

Deshalb, hören Sie auf Ihre innere Stimme, hören Sie auf Ihre Wünsche und teilen Sie sie Ihrem Unterbewusstsein mit. Täglich! In der im nächsten Kapitel beschriebenen Form.

Dann wird es Sie automatisch in diese Richtung lenken.

Gehen müssen Sie natürlich selbst. Aber Sie sind ja bisher auch gegangen. Sie wurden ja bisher auch automatisch in Ihrem Verhalten, Ihrer Körperlichkeit und Ihrer Wahrnehmung von Ihren Prägungen gesteuert.

Nun haben Sie aber Ihren Kurs in eine Richtung festgelegt, der Ihnen Lebensglück, Erfüllung, Erfolg, Gesundheit und was Sie sich sonst noch wünschen, garantiert.

Erwarten Sie jetzt aber bitte nicht, dass Sie, wenn Sie heute in Richtung auf ein Ziel losmarschieren, schon alle Möglichkeiten und Wege kennen können. Viele Menschen gehen deshalb nicht los, weil sie den 100 %igen Weg nicht bereits kennen.

Es gibt im Leben so etwas wie ein **"Korridor-Prinzip"**. Stellen sie sich vor, dass sie in einer alten Schule oder in einer alten Behörde in einem langen Korridor stehen. Sie stehen vorne am Anfang und sehen rechts und links einige Türen, aber je weiter sie hindurchblicken, desto mehr verschwimmt das Ganze und sie nehmen nicht mehr recht wahr, was dort so ist. Wenn sie aber losmarschieren in diesen Korridor, werden sie erst auf dem Weg feststellen, dass da ja vielleicht noch ein Gang oder ein Treppenhaus oder sogar ein Fahrstuhl ist. Das heißt, es ergeben sich im Laufe des Weges erst Möglichkeiten, die sie von vorne, vom Ausgangspunkt her, nicht sehen konnten.

Und genau so ist es auch im Leben. Wir müssen losmarschieren, um Möglichkeiten zu sehen. Wir müssen den berühmten ersten Schritt tun, die "Karre ins Rollen bringen" und werden erst auf dem Weg ganz viele Möglichkeiten erkennen, die wir nutzen können, die uns auf dem Weg eine Hilfe sind. Vom heutigen Stand aus, sind diese Möglichkeiten allerdings häufig nicht wahrnehmbar. Deshalb, setzen Sie den ersten Schritt. Seien Sie mutig und los geht's.

Der erste Schritt

Dieser erste Schritt ist ein ganz zentraler Bereich. Untersuchungen über erfolgreich abgeschlossene Projekte haben ergeben, dass dieser **erste Schritt innerhalb der ersten 72 Stunden** - also der ersten drei Tage - getan werden muss, damit ein Projekt wirklich die Chance hat, erfolgreich abgeschlossen zu werden. Wenn Sie sich also ein neues Ziel setzen, überlegen Sie sich einen ersten Schritt, den sie innerhalb der ersten 72 Stunden tun. Das muss nicht viel sein. Es genügt ein Anruf, ein persönliches Gespräch, oder die Bestellung eines Kataloges. Wichtig ist, dass Sie irgend etwas tun in Richtung auf Ihr neues Ziel. Das ist zum einen ein Signal an ihr Unterbewusstsein, dass Sie es ganz offensichtlich ernst meinen. Zum anderen aber auch ein Schritt in diesen Korridor, der Ihnen ab sofort immer neue Möglichkeiten eröffnen kann, die Sie bisher nicht für möglich gehalten haben.

Und noch ein Tipp:

Behalten Sie - zumindest solange Sie noch "Anfänger" mit dieser Methodik sind - **Ihre Ziele zunächst einmal für sich.**

Natürlich sollten Sie Menschen, die direkt von Ihren Zielen betroffen sind, auch rechtzeitig darüber informieren. (Wenn Sie also zum Beispiel vor haben, nach Kanada auszuwandern, sollten Sie das schon zumindest mit Ihrem Ehepartner besprechen!)

Dieses "Für-sich-Behalten" hat folgenden Hintergrund:

Erstens sind wir umgeben von sogenannten "guten" Ratgebern. Menschen, die - ohne es vielleicht böse zu meinen - uns vor schlechten Erfahrungen bewahren wollen.

Wenn Sie jetzt also voller Euphorie erzählen, dass Sie zum Beispiel 20 Kilo abnehmen wollen, so kann Ihnen Ihr Umfeld das ganz schnell wieder ausreden wollen. "Wie soll denn das gehen?", "Alles Schabernack!" oder was auch sonst noch an gut gemeinten Ratschlägen kommen kann.

Hinzu kommt häufig, dass Veränderungen von unseren Mitmenschen in der Regel gar nicht gerne gesehen werden. Die Anderen haben sich auf Sie eingestellt, so wie Sie jetzt sind. Wenn Sie sich nun verändern, müssten sich die anderen ja zwangsläufig auch ändern. (Vielleicht hätten die anderen dann auch nur keine Ausrede mehr, selbst dick zu sein!)

Gute Ratschläge sind - bei näherer Betrachtung - oft nur für diejenigen gut, die diese Ratschläge erteilen. Ich will damit jetzt nicht sagen, Sie sollten sich nie mehr einen Rat einholen, oder dass jeder es nur auf seinen Vorteil abgesehen hat.
Ich möchte Ihnen aber die Chance geben, wirklich unvoreingenommen Ihre Erfahrungen mit diesem Thema zu machen. Wenn Sie Ihr Ziel erreicht haben, werden die anderen von ganz alleine kommen und verwundert fragen, wie Sie das denn geschafft haben.
Lassen Sie sich also nicht um die Möglichkeit bringen, wirklich Ihre Ziel zu erreichen. Testen Sie es zunächst einmal für sich. Sie können nur gewinnen dabei.

Der zweite Grund, warum Sie Ihre Ziele zunächst für sich behalten sollten, ist folgender:
Wenn Sie sich heute ein bestimmtes Ziel setzen (bleiben wir einmal bei dem Abnehmen der 20 Kilo), dann kann sich dieses

Ziel ja auch wieder verändern. Wir verändern uns ja auch ständig und mit uns verändern sich natürlich auch unsere Ziele.

Durch die Arbeit mit diesem Thema kann es also zum Beispiel passieren, dass Sie erkennen, dass Ihre Figur gar nicht ein solches Problem ist. Sie waren bisher vielleicht der Meinung, nur schlank ein vollwertiger Mensch zu sein. Nun lernen Sie, ein anderes Selbstwertgefühl zu entwickeln und Sie sind plötzlich zufrieden mit Ihrer Figur.

Jetzt haben Sie aber allen versprochen, dass Sie abnehmen werden. Und trotz heftigen Widerstandes haben Sie vielleicht laut getönt, dass 'die anderen schon sehen werden, dass Sie es schaffen'.

Nun sind Sie natürlich in einer Zwickmühle. Und es kann passieren, dass Sie das Ziel dann dennoch verfolgen, nicht für sich, sondern für die anderen.

Aber dann leben Sie ja schon wieder nicht Ihr Leben, sondern das Leben der anderen. Und das wollten Sie doch eigentlich verändern!

Die Programmierung

Um die Programmierung noch etwas verständlicher zu machen, können Sie sich vorstellen, dass in unserem Unterbewusstsein zu jedem Thema eine Röhre existiert, in die die Informationen abgelegt werden. Sie kennen dieses Modell sicher von der Ziehung der Lottozahlen.

Jeder Gedanke - und somit natürlich jedes Wort, jede Tat, jede Wahrnehmung oder jedes Gefühl - wird in die entsprechende Röhre gelegt. Keine dieser Informationen geht je verloren. Die Röhre wird also immer größer und größer. Wenn nun eine bestimmte Höhe erreicht ist, wird das Unterbewusstsein diesen Inhalt automatisieren. Wir haben nun eine bestimmte Prägung.

Da es zu jedem Thema eine solche Röhre gibt, existieren natürlich auch Röhren, die sich widersprechen. So haben wir zum Beispiel eine Röhre für "dick" und eine Röhre für "schlank" (oder eben jeweils eine für alle Bereiche die dazwischen liegen. Der Deutlichkeit halber wollen wir hier aber nur dieses einfache Modell besprechen).
Die Automatik wird nun über die Röhre laufen, die den meisten Inhalt hat, die wir also im Laufe unseres Lebens am meisten gefüllt haben. Wer also Figurprobleme hat, hat sich öfter und/oder mit mehr Gefühl mit dem Thema "dick" beschäftigt als mit dem Thema "schlank". Die Röhre "dick" hat also mehr Inhalt, der Automatismus wird also über diese Röhre gesteuert. (Alle Betroffenen wissen, wie automatisch das tatsächlich funktioniert!)

Wenn Sie sich also auf "schlank" programmieren wollen, müssen Sie so lange Informationen in die "schlank"-Röhre geben, bis hier mehr Inhalt ist als in der "dick"-Röhre.

Diese Informationen bekommen wir - wie gesagt - zum einen über **häufige Wiederholung**. Sie müssen sich also immer wieder mit dem Thema "schlank" beschäftigen.

Jedesmal, wenn Sie aber wieder einmal einen Gedanken an "dick" verschwenden, wird natürlich auch das gespeichert, die "dick"-Röhre holt also quasi wieder etwas auf.

Das Gleiche gilt für das **Gefühl**. Wenn wir gesagt haben, dass Informationen, die mit viel Gefühl verbunden sind, sehr schnell zu einer Prägung führen, so können wir uns zu diesem Modell Folgendes vorstellen:
Jeder Gedanke hat eine bestimmte "Höhe", um die die Röhre ansteigt. Je größer nun das Gefühl ist, mit der dieser Gedanke verbunden ist, um so größer ist die "Höhe", um die die Röhre wächst. Ein 10-maliges, gleichgültiges Wiederholen des Leitsatzes *"Ich bin schlank"* kann den gleichen Effekt (also die gleiche Höhe) haben wie ein einmaliges, mit großem Frust verbundenes *"Ich bin viel zu dick"*.

Hier liegt auch die Erklärung dafür, warum es sinnvoll ist, die **eigentlichen Ursachen** eines äußeren Symptoms zu beseitigen.

Wenn Sie zum Beispiel deshalb zu dick sind, weil Sie Angst vor körperlicher Nähe haben, dann werden die Informationen, die von dort kommen, die "dick"-Röhre ansteigen lassen. Wenn Sie die Neuprogrammierung nun ausschließlich über das Thema "schlank" vollziehen wollen, so kann dies funktionieren, wenn Sie einfach öfter und mit größerem Gefühl an "schlank" denken als an "dick". Da aber die eigentliche Ursache nicht behoben ist, werden immer wieder Informationen zu "dick" kommen. Eine bereits durchgeführte Um-programmierung (dass also die "schlank"-Röhre jetzt höher ist als die "dick"-Röhre) kann wieder umgedreht werden.

Hier läuft ja im Grunde das gleiche Spiel mit der Röhre "Nähe" und der Röhre "Distanz". Da hier die Automatik auf "Distanz" steht, werden immer wieder Infos darüber - automatisch - ausgegeben. Hier muss also zunächst die Automatik auf "Nähe" umgestellt werden. Dies funktioniert natürlich nach dem gleichen Prinzip, häufige Wiederholung und viel Gefühl.

Wenn also von hier dann nur noch "Nähe" ausgesandt wird, wird dies eine Information sein, die automatisch die Röhre "schlank" füllt.

Parallel zur Umprogrammierung der eigentlichen Ursachen müssen wir natürlich das Ziel ebenfalls in unser Programm einbinden. Da die "schlank"-Röhre in der Regel sehr viel "Nachholbedarf" hat, müssen wir mit den beschriebenen Mitteln alle Möglichkeiten nutzen, um hier die Automatik zu installieren.

Und hier kommt ein weiterer wichtiger Punkt zum Tragen:

Solange die Informationen, die in die entsprechende Röhre fallen, keine große Auswirkungen haben, wird sich der Vorgang recht problemlos gestalten. Wir können also in aller Ruhe den Programmierungsvorgang ablaufen lassen. Wenn aber die bestehende Automatik "bedroht" wird, wenn also die "schlank"-Röhre langsam aber sicher die kritische Marke der "dick"-Röhre erreicht, wird sich der **bestehende Automatismus zu wehren** beginnen. Er wird quasi automatisch alles daran setzen, die jetzige Automatik zu retten. (Dies ist im Grunde eine tolle Einrichtung. Denn wozu soll denn eine Automatik gut sein, die beim ersten Problem direkt ihren Dienst quittiert?!)

Wir spüren dieses "Sich Wehren" zumeist durch Gedanken ans Aufgeben. Die Automatik versucht uns ganz geschickt zu manipulieren und uns einzureden, 'das Ganze hätte doch keinen Sinn', oder 'dass 'das ja nie klappt'.
Immer wenn Sie also während des Programmierens den großen Frust erleben, wenn Sie aufgeben wollen, dann ist das ein **gutes Zeichen**. Es zeigt Ihnen, dass Sie fast am Ziel sind. Jetzt gilt es, weiterzumachen, jetzt gilt es, nachzulegen. Wenn Sie jetzt dran bleiben, dann haben Sie gewonnen, dann wird das alte Programm nicht mehr automatisch laufen. Dann werden Sie von einer neuen Automatik gesteuert, aber jetzt eine, die Sie auch wirklich haben wollen.

Nun aber zur eigentlichen Programmierung:

EINFACH MITMACHEN

Suchen Sie sich ein Ziel, das Sie erreichen möchten und machen Sie ihren Plan wie folgt:

* Schreiben Sie sich zunächst dieses Ziel einmal auf, mit allen Details.

** Überlegen Sie sich hierfür ein ansprechendes **Bild**. Gestalten Sie also Ihren Zielfilm. Überlegen Sie sich genau, wie das Ergebnis aussehen soll - nicht der Weg - formulieren Sie ein richtiges Drehbuch.*

(Die detaillierte Vorstellung des Endergebnisses ist auch deshalb wichtig, dass Sie tatsächlich merken, wenn Sie Ihr Ziel erreicht haben. Die einzelnen Punkte sind also auch "Zielerkennungskriterien")

** Reduzieren Sie dann den Film auf einen passenden **Leitsatz**. Formulieren Sie in knappen, prägnanten Worten Ihr Ziel.*

** Reduzieren Sie auch diesen wieder auf ein **Symbol**, und verteilen Sie dieses an allen möglichen - und vielleicht auch unmöglichen Stellen.*

** Suchen Sie sich einen Ort und eine Zeit, zu der Sie Ihre **tägliche Meditation** ausführen. Am Besten, Sie binden die Meditation fest in Ihren Tagesablauf ein - wie das Essen oder das Zähneputzen.*

Machen Sie nun bitte Folgendes:

** Setzen Sie sich zu Ihrer gewohnten Zeit an Ihren Meditationsort und **entspannen** Sie sich.*

182

* Lassen Sie nun Ihren **Zielfilm** in allen Einzelheiten vor Ihrem geistigen Auge ablaufen. Wenn er sehr kurz sein sollte, können Sie ihn auch mehrmals wiederholen.

* Achten Sie darauf, den Film mit möglichst **viel Gefühl** zu erleben. Im Idealfall können Sie sogar während der Meditation ein leichtes Lächeln im Gesicht haben. Genießen Sie es einfach, Ihr Ziel - zumindest in Ihrer Vorstellung - bereits erreicht zu haben.

* Sprechen Sie nun, während Sie Ihren Film weiter sehen, innerlich Ihren **Leitsatz** in sich hinein. (Hierdurch wird eine enge Verknüpfung von Zielbild und Leitsatz erreicht.)

* Lassen Sie nun auch noch Ihr **Symbol** in Ihrem Film auftauchen. (Hier wird das Symbol fest mit dem Ziel verankert.)

* Lassen Sie nun die innere Stimme verklingen, lassen Sie langsam den Film und das Symbol verblassen, beenden Sie Ihre Programmierung.

* Atmen Sie wieder tief ein, bewegen Sie sich und öffnen Sie die Augen. Im Idealfall hält das gute Gefühl, das Sie in der Meditation erzeugt haben, noch lange nachher (am Besten bis zur nächsten Meditation) an.

Außerdem:

* Sprechen Sie so oft wie möglich im Laufe des Tages Ihren **Leitsatz** (laut oder innerlich in sich hinein)!

* Gestalten Sie Ihre **Umgebung** möglichst schon **in Richtung auf Ihr neues Ziel!** (Hängen Sie Bilder von Ihrem Ziel auf, räumen Sie die Wohnung um, besuchen Sie Gegenden, wo Sie Ihr Ziel sehen und erleben können.)

* *Verteilen* Sie überall Ihr **Symbol!**

* **Achten** Sie auf Ihre **Worte und Gedanken**! Sie sollten immer in Richtung auf Ihr Ziel weisen!

* *Umgeben Sie sich möglichst mit* **positiven Menschen**, *die Sie unterstützen.*

* *Machen Sie einen* **Aktionsplan:** *Sie kennen Ihr Ziel. Teilen Sie das große Ziel nun - wenn möglich - in Teilziele und gehen Sie die einzelnen Schritte hintereinander. (Wenn Sie zum Beispiel ins Ausland auswandern wollen, ist es vielleicht notwendig, zunächst die Sprache zu erlernen. Das können Sie bereits heute beginnen.)*
Wichtig! In der Meditation aber immer nur das Endziel sehen!

* *Übernehmen Sie die* **Verantwortung** *für die Erreichung Ihres Zieles.*
Fragen Sie sich immer:
"Bringt das, was ich gerade tue, mich meinem Ziel näher?"
Wenn nein, lassen Sie es einfach bleiben, wenn ja, fahren Sie fort damit!

* *Und die Krönung (für Fortgeschrittene):*
Fragen Sie sich immer:
"Wenn Sie sicher wären, dass Sie Ihr Ziel erreichen, was würden Sie dann tun? Wie würden Sie sich verhalten? Wie würden Sie handeln? Heute?! Jetzt?!"

Und dann tun Sie es tatsächlich!

Und noch ein letztes Wort:

Alles was wir hier besprochen haben, ist nicht ein neuartiges Programm, eine Technik, die Sie jetzt anwenden können oder die Sie eben bleiben lassen.

Seit Sie auf der Welt sind (und das beginnt ja sogar schon im Mutterleib), programmieren Sie sich durch die Art Ihrer Gedanken, durch Ihre Wahrnehmungen, durch Ihr Sprechen und Ihr Tun. Nur meistens unbewusst, ohne dass Sie sich darüber im Klaren sind.

Es geht hier lediglich darum, diese Systematik zu kennen, zu verstehen und Sie fortan bewusst und gezielt einzusetzen.

Glaube

Es wird bei diesem Thema immer wieder der Glaube erwähnt. Und auch alle Religionen dieser Welt bauen auf den Glauben.
"Glauben versetzt Berge" bestätigt uns auch die Bibel. (In diesem alten Buch werden übrigens alle hier erwähnten geistigen Gesetze in hervorragender Form - allerdings meist verschlüsselt - ebenfalls gelehrt.)

In unserer Thematik heißt Glaube die innere Gewissheit, dass das, was ich mir als Ziel vornehme, auch tatsächlich eintreten wird. Also eine klare Übereinstimmung meines logischen, rationalen Denkens, also meines Bewusstseins, und meinen unterbewussten Prägungen. Die Inhalte des Bewusstsein und des Unterbewusstsein sind identisch.
Da diese Identität aber - wie wir gesehen haben - hervorgerufen wird über eine häufige Wiederholung und/oder starke gefühlsmäßige Anteilnahme, können wir bestimmte Dinge gar nicht glauben, wenn sie nicht bereits im Unterbewusstsein verankert wurden.

Wenn wir also neue Ziele erkennen, wenn wir eine vollkommen neue Richtung in unserem Leben einschlagen wollen, dann können wir dies zunächst noch gar nicht glauben. Wenn ich als Kind gelernt habe, dass ich "nie zu etwas kommen" werde, wenn ich durch diese Prägung auch schon mehrfach die Erfahrung verursacht habe, dass dies tatsächlich so ist, dann werde ich natürlich nicht glauben können, dass ich doch einmal etwas Tolles erreichen kann.

Der Glaube kann erst dann wachsen, wenn wir die neuen Inhalt verinnerlicht haben.

Wichtig für diese Arbeit ist also weniger der Glaube an das Erreichen Ihres Zieles, als die Disziplin, die Neuprägung des Unterbewusstseins wirklich in der beschriebenen Form durchzuführen.
Und wenn Sie dies getan haben, werden Sie es glauben.

Spätestens dann, wenn Sie die Ergebnisse im Außen feststellen können.

Das Einzige, was Sie zum Thema Glaube vielleicht beeinflussen könnte, wäre die Möglichkeit, dass Sie das, was ich hier geschrieben habe, nicht glauben. Wenn Sie der Überzeugung sind, dass sich das Ganze recht nett anhört, vielleicht sogar bei dem ein oder anderen zutrifft, aber für Sie mit Sicherheit nicht, dann werden Sie es natürlich erst gar nicht versuchen. Wozu auch? Es wird ja - Ihrer Meinung nach - eh nicht funktionieren.

Tun Sie sich aber bitte sich den Gefallen, und probieren Sie es doch einfach aus. Zunächst mit kleinen Dingen. Und wenn Sie dann ganz erstaunt feststellen, dass es tatsächlich so ist, dann werden Sie auch glauben, dass Sie alles andere auch erreichen können.

Und ich weiß, dass Sie wirklich alles erreichen können.

Ich weiß, wenn etwas in Ihrem Unterbewusstsein verankert ist, werden Sie es glauben.

Und wenn Sie es glauben, werden Sie es erreichen.

Clemens Maria Mohr veranstaltet neben den firmeninternen Seminaren auch regelmäßig offene Seminare zu unterschiedlichen Themen.

Informationen erhalten Sie unter folgender Adresse:

CLEMENS MARIA MOHR

Motivationstraining - Persönlichkeitsentwicklung - Coaching

www.ClemensMariaMohr.de

Clemens Maria Mohr ist Trainer für Motivation und Persönlichkeits-
entwicklung. Er ist studierter Diplom-Sportwissenschaftler mit zahl-
reichen Zusatzausbildungen wie zum Beispiel NLP, Kinesiologie und
Silva Mind. Er hält Vorträge, Seminare und Coachings zum Thema
Erfolg im gesamten deutschsprachigen Raum. Seine Kunden sind
Großkonzerne wie Allianz und Neckermann, Mittelständler und
Kleinunternehmen, aber auch Sportverbände wie die Deutsche Ski-
Nationalmannschaft. Er lebt mit seiner Familie im Kleinwalsertal.

Literaturliste
(empfehlenswerte Bücher)

Adrienne, Carol:
Erkenntnis & Zufall

Armstrong, Lance:
- Tour des Lebens

Bach, Richard:
- Die Möwe Jonathan

Birkenbihl, Vera F.:
- Stroh im Kopf
- Erfolgstraining
- Kommunikationstraining

Carlson, Richard:
- Alles kein Problem

Carnegie, Dale:
- Wie man Freunde gewinnt
- Sorge dich nicht - lebe!
- Der Erfolg ist in dir

Christiani, Alexander:
- Weck den Sieger in Dir
- Die 12 Geheimnisse des
  beruflichen Erfolges (MC)
- Magnet-Marketing
- Stärken stärken (mit F. Scheelen)

Clason, George S.:
- Der reichste Mann von Babylon

Covey, Stephen R.:
- Die sieben Wege zur Effektivität

Csikszentmihalyi, Mihaly:
- Flow - Das Geheimnis des Glücks

Dalai Lama:
- Der Friede beginnt in dir

Dethlefsen, Thorwald:
- Schicksal als Chance
- Krankheit als Weg

Diamond, Dr. John:
- Der Körper lügt nicht

Egli, René:
- Das LOLA-Prinzip
- Illusion oder Realität

Enkelmann, Nikolaus B.:
- Die Formel des Erfolges
- Charisma

Fisher, Mark:
- Das innere Geheimnis des
  Reichtums
- Der alte Mann und das
  Geheimnis der Rose

Freitag, Erhard:
- Kraftzentrale Unterbewusstsein

Gawain, Shakti:
- Stell Dir vor

Greuthof:
- Ein Kurs in Wundern

Griscom, Chris:
- Die Heilung der Gefühle

Hay, Louise:
- Gesundheit für Körper und Seele
- Heile Deinen Körper

Herzog, Dagmar:
- Mentales Schlankheitstraining

Hill, Napoleon:
- Denke nach und werde reich

Höhler, Gertrud:
- Herzschlag der Sieger

Kössner Christa:
- Die Spiegelgesetz-Methode

Lassen, Arthur:
- Heute ist mein bester Tag

Löhr, Jörg / Pramann Ulrich:
- So haben Sie Erfolg

Ludin/Paul/Christiansen:
- Fish

Mann, Dr. Rudolf:
- Der ganzheitliche Mensch

Merkle, Rolf:
- So gewinnen Sie mehr Selbstver -
  trauen

Meyer, Hermann:
- Die Gesetze des Schicksals

Mohr, Bärbel:
- Bestellungen beim Universum
- Der kosmische Bestellservice
- Reklamationen beim Universum
- Nutze die täglichen Wunder

Mohr, Clemens Maria:
- Die kleine Fee in Dir
- 111 Tipps für ein besseres Leben
- Nie mehr ärgern
- Glück und Erfolg (CD und MC)
- Erfolg (MC)
- Der positive Tagestipp (Video)

Molcho, Samy:
- Körpersprache

Murphy, Joseph:
- Die Macht Ihres
  Unterbewusstseins

Murphy, Michael:
- Der Quantenmensch

Peale, Norman Vincent:
- Die Kraft Positiven Denkens

Pöhm, Matthias:
- Nicht auf den Mund gefallen
- Endlich schlagfertig (MC)

Ponder, Catherine:
- Bete und werde reich

Redfield, James:
- Die Prophezeiungen von Celestine

Robbins, Anthony:
- Grenzenlose Energie -
  Das Power Prinzip
- Das Robbins Power Prinzip

Schäfer, Bodo:
- Der Weg zur finanziellen Freiheit
- Money
- Die Gesetze der Gewinner
- Endlich mehr verdienen

Scheele, Paul R.:
- Photo Reading

Schellbach, Oskar:
- Mein Erfolgssystem

Schuller, Robert H.:
- Aufwärts zum Erfolg

Schwarz, Hubert:
- Bike the Future

Seiwert, Lothar J.:
- Mehr Zeit für das Wesentliche
- Wenn Du es eilig hast,
  gehe langsam

Sheldrake, Rupert:
- Das Gedächtnis der Natur
- Die Wiedergeburt der Natur

Sher, Barbara:
- Wishcraft - Vom Wunschtraum
  zum erfüllten Leben

Silva, José:
- Die Silva-Mind-Control Methode

Spitzbart, Michael:
- Fit Forever - 3 Säulen
  der Leistungsfähigkeit

Staub, Gregor:
- Mega Memory (MC/CD)

Strunz, Dr. Ulrich:
- Schlank und fit für immer
- forever young,
  Das Erfolgsprogramm

Tegtmeier, Ralph:
- Der Geist in der Münze

Tepperwein, Kurt:
- Kraftquelle Mentaltraining
- Der Weg zum Millionär
- Die hohe Schule des Erfolges

Tompkins / Bird:
- Das geheime Leben der Pflanzen

Tracy, Brian:
- Thinking big

Ulsamer, Bertold:
- Erfolgstraining für Manager

Vester, Frederic:
- Denken, Lernen, Vergessen

Waitley, Denis:
- Die Psychologie des Erfolges (MC)

Wenger/Poe:
- Der Einstein Faktor

Stichwortverzeichnis